AF246961

L'APPEL DE L'OMBRE

Puissance de l'irrationnel

DU MÊME AUTEUR

L'HÉRITAGE NUCLÉAIRE, Complexe, coll. « Espace international », Bruxelles, 1997.

LA GUERRE PARFAITE, Flammarion, 1998.

POLITIQUE DU CHAOS, Editions du Seuil, coll. « La République des idées », 2002.

L'ENSAUVAGEMENT, *Le retour de la barbarie au XXI*e *siècle*, Grasset, 2005.

L'IRAN, LA BOMBE ET LA DÉMISSION DES NATIONS, Autrement, 2006.

LE GRAND PERTURBATEUR, *Réflexions sur la question iranienne*, Grasset, 2007.

THÉRÈSE DELPECH

L'APPEL DE L'OMBRE

Puissance de l'irrationnel

BERNARD GRASSET
PARIS

Ouvrage publié sous la direction de
PERRINE SIMON-NAHUM

ISBN 978-2-246-74131-2

We had the experience but missed the meaning,
And approach to the meaning restores the experience.

T. S. ELIOT, *Four Quartets*

See, they return ; ah, see the tentative
Movements, and the slow feet,
The trouble in the pace and the uncertain
Wavering !

EZRA POUND, *The Return*

Prologue

Ce livre met en scène des fragments de l'histoire biblique, de la littérature classique ou de l'aventure scientifique, qui ont en commun d'échapper à l'activité rationnelle. Il n'a pas pour objet, comme le proposaient les jansénistes, d'*humilier la raison*, à un moment où une défense et illustration de celle-ci serait amplement justifiée, mais de suggérer qu'à tout vouloir rationaliser, on court le risque de perdre le sens de l'énigme, un des plaisirs inépuisables de l'esprit, d'assécher la source des plus hautes activités humaines, parmi lesquelles se trouve l'art, et même de compromettre l'exercice de la raison en ignorant les aspects les plus obscurs du psychisme.

Le choix de fragments est volontaire, car l'irrationnel se prête mal à un développement systématique. Il apparaît sous des formes capricieuses qui évoquent les nappes phréatiques plutôt que le cours des fleuves. On le trahit en lui prêtant la continuité du discours. Le fragment, de surcroît, fait appel à l'imagination du lecteur sans requérir sa soumission : libre d'ouvrir le livre où bon lui semble, il l'est aussi de songer à d'autres fragments, de préférer d'autres interprétations, sans jamais entrer en collision avec l'argumentation de l'auteur.

Certains s'attacheront ainsi à des contes qui pourraient commencer par *il était une fois,* formule familière à l'enfance, d'autres retiendront d'étranges visions nocturnes, d'autres encore s'interrogeront sur l'inatteignable ontologique, ou sur des vérités plus hautes que celles qu'autorise la raison. Ces choix sont tous ouverts dans les textes qui suivent : les mythes, les monstres et la transcendance y circulent librement. Ils font même parfois les uns avec les autres de singulières rencontres : Achab est attiré vers le gouffre par la Baleine Blanche parce qu'il ne connaît aucune limite à sa volonté – une faute que les mythes grecs ne laissent jamais impunie – mais il subit aussi la mystérieuse puissance du mal, celle qui pousse Edmond à une série de transgressions infernales dans la tragédie du *Roi Lear.*

Il y a enfin dans le fragment une image physique du caractère morcelé de la culture à laquelle les histoires qui sont ici présentées appartiennent toutes. La richesse de cette culture, comme son *charme*, dans les différents sens de ce mot, est occultée, voire humiliée ou même perdue. Des pans entiers de la culture classique ont disparu. L'allusion mythologique ou la référence biblique sont devenues impossibles sans de longues et lourdes explications. Qui distingue encore le grand du petit Ajax, qui peut conter les aventures du fleuve Alphée et de la nymphe Aréthuse, ou celle de Dédale, l'artiste universel ? Qui se souvient que l'explication de la longue période qui sépare le jugement de Socrate de sa mort se trouve dans l'histoire des exploits de Thésée, comme le rappelle Platon dans le *Phédon* ? Et le pharisien Nicodème, présent du premier au dernier jour de la vie adulte du Christ, le malheureux Sisera, l'âne de Balaam obéissant à l'ange, qui peut raconter leurs histoires ? Pour ceux, jeunes ou moins jeunes, qui continuent à être sensibles à cette culture, les pages qui suivent montrent qu'elle recèle suffisamment d'émotion et de pensée pour continuer d'éveiller l'attachement ou de susciter la réflexion.

La mise en scène d'individus est, elle aussi, délibérée. Ajax, Lear, Jonas, Hamlet ou Melchisédech ont tous connu des expériences qui dépassent l'entendement. Ils font ici de brèves apparitions, le temps du chapitre qui leur est consacré, pour évoquer les zones obscures où ils se trouvent. Comme les fantômes, ils ont un penchant pour la discrétion : ils n'apparaissent et ne communiquent que si on s'intéresse à eux. Au lecteur donc de voir si leurs histoires le touchent. Dans le cas contraire, ils sont prêts à repartir comme ils sont venus, sur la pointe des pieds.

Les questions qu'ils posent sont très diverses. Qu'est-ce qui a conduit Joyce à voir dans la relation d'Hamlet avec son père une image du mystère de la Trinité ? Pourquoi Lear, comme Pâris, doit-il choisir entre trois femmes ? Quels étaient les sentiments de Jonas fuyant sa mission prophétique à Ninive ? Pourquoi son aventure est-elle le thème du sermon qu'écoute Ismaël dans *Moby Dick* avant de prendre le large avec Achab ? Comment Heisenberg et Bohr en viennent-ils à parler d'Elseneur et de la pollution du royaume du Danemark ? Quel est ce trouble aux dimensions cosmiques qui agite Lear ? Et pourquoi la déesse protectrice des héros, Athéna, inflige-t-elle à Ajax, l'un des plus grands guerriers réunis devant Troie, une démence qui le conduira au suicide ?

Ces voix parlent de folie, de prophétie et de mystère, des thèmes qui ont passionné l'esprit humain pendant des siècles mais se trouvent désormais, surtout pour les deux dernières, dans des zones désertées. Sans avoir à proprement parler disparu, ils sont enfouis dans une mémoire collective défaillante, à la manière des souvenirs des névrosés, et constituent ce que Freud aurait appelé des ensembles psychiques qui, pour ne plus tirer que très rarement la conscience à eux, n'en existent pas moins et continuent d'exercer leur pouvoir sous des masques divers.

La psychanalyse étant aujourd'hui l'objet d'attaques féroces, l'analogie peut sembler mal choisie. Un demi-siècle de travaux sur les troubles mnésiques, au moment où le monde basculait dans la violence sans nom de deux conflits mondiaux, mériterait pourtant plus de respect, voire plus de gratitude. Car il y a peut-être un lien entre ceci et cela, entre une relation troublée au passé et à l'histoire de la pensée et les grandes catastrophes historiques.

C'est ce que suggère Ossip Mandelstam, qui voit dans le XIXe siècle non le grand siècle de la culture russe, ce qu'il est aussi pourtant, mais un prélude aux années 1930, avec « l'unité d'un froid sans mesure qui a soudé les décennies en un seul jour, en une seule nuit, le cœur de l'hiver, où la terrible structure étatique est comme un poêle brûlant de glace ». Le chapitre consacré au rêveur rappelle les liens que le psychisme entretient non seulement avec le passé, toujours plus ou moins organisé après coup, mais aussi avec l'avenir, la pensée précédant l'acte comme, dit un autre poète, l'éclair le tonnerre.

La structure de ce livre comporte une part d'arbitraire, mais elle n'est pas aléatoire. Elle comprend deux allées principales séparées par un *manège*. Les deux parties comptent cinq récits chacune, qui peuvent être lus dans le désordre, mais qui ont entre eux de nombreuses correspondances : entre le premier et le dernier chapitre se trouve un fil où l'on peut lire, comme l'ont souvent prétendu les poètes, que la nature est aussi mystérieuse que l'esprit ; entre la folie d'Ajax et celle de Lear, il y a une énigme commune, puisque leur origine dépasse les deux individus ; les figures des prophètes trouvent dans le personnage de Melchisédech leur incarnation la plus étrange ; les héros de l'*Iliade* comme les combattants de la Seconde Guerre mondiale ont eu la conviction que les guerres avaient leur source dans des forces qui échappent à tout contrôle ; et les conflits entre les générations, qui génèrent des tragédies, se retrouvent à Elseneur et dans l'Angleterre imaginaire du roi Lear.

Ces deux parties sont situées de part et d'autre d'un intermède où de brèves histoires renvoient comme en écho différents thèmes du livre : les cachalots de Melville et l'histoire de Jonas, l'origine des fusées et l'énigme de l'invention scientifique, la symétrie dans la nature et les apories de Dick Feynman, la folie ratiocinante des procureurs et celle des criminels, la relativité du temps et le retour des descendants des Argonautes.

Aux lecteurs qui s'interrogeront sur les liens que ce livre peut avoir de commun avec *L'Ensauvagement*, je conseille un peu de patience à ceux qui ont la chance de posséder cette vertu. Les autres peuvent suivre le conseil de Théophile Gautier et passer directement de l'introduction à la conclusion en faisant l'économie du reste, ce qui leur permettra d'imaginer le milieu à leur guise à l'aide du commencement et de la fin.

Cependant, comme il y a quelque continuité entre ces deux ouvrages, ils peuvent aussi relire ce passage de *L'Ensauvagement* : « Ce qui frappe le plus dans les expressions de la conscience contemporaine, ce n'est pas tant l'exigence rationnelle que le besoin de faire à nouveau une place à l'irrationnel, composante essentielle du psychisme humain. Carl Jung s'était inquiété d'une évolution qui condamnait les individus au déséquilibre en frustrant ce qu'il appelait "le côté mythique de l'homme" et en interdisant l'expression de ce que l'esprit ne peut saisir rationnellement. Au moment où la religion fait un retour fracassant sous des formes violentes et destructrices, ce serait un immense progrès de s'interroger sur le vide spirituel qui mine nos sociétés, et sur les déséquilibres psychiques qui accompagnent ce phénomène. »

Après cette explication, on me pardonnera peut-être de commencer par un chapitre sur le mystère de la Trinité.

PREMIÈRE PARTIE

1

La Trinité

Il y a dans le petit monde des théologiens une renaissance des travaux sur la Trinité depuis une vingtaine d'années. A quoi doit-on cette bizarrerie ? Ces ouvrages, pour la plupart en langue anglaise ou allemande – l'histoire ne dit pas ce que font les théologiens français – ont cette sécheresse propre à la pensée théologique qui faisait dire à Pascal qu'il préférait le Dieu d'Abraham, d'Isaac et de Jacob. Mais ils ont le mérite de rappeler – parfois de façon cursive, au passage d'une note – que les premiers grands conciles, de Nicée à Chalcédoine, ont tous porté sur ce sujet, et que l'on a mis des siècles à sortir des thèses hérétiques qui attribuaient au Christ un rang intermédiaire entre Dieu et l'homme (l'arianisme, condamné en 325 à Constantinople), deux natures distinctes (le nestorianisme, condamné à Ephèse en 431), ou une nature essentiellement divine qui aurait « absorbé » son humanité (le monophysisme, élaboré en réaction au nestorianisme et condamné comme lui, vingt ans plus tard, au concile de Chalcédoine).

Reste le Saint-Esprit. Les Pneumatomaques – un bien joli nom d'hérésie, que n'en invente-t-on de nos jours – niaient sa divinité et se sont vu condamnés dès le deuxième concile œcuménique à Constantinople, en 381. C'est alors, à la fin du IVe siècle, que la consubstantialité du Père, du Fils et de l'Esprit-Saint a été reconnue par les évêques pour toute la chrétienté. Le schisme entre les deux Eglises d'Orient et d'Occident ne se produira qu'en 1054, et la vanité des principaux acteurs y jouera un rôle plus important que les affaires du Seigneur. L'accord des évêques sur la consubstantialité des Trois Personnes n'a cependant pas mis fin aux « déviations ». Les hérétiques ont continué de pulluler.

En ce temps-là, ce sujet obscur était pris tellement au sérieux que l'on était prêt à perdre son appartenance à l'Eglise pour défendre ses convictions et croyances, une affaire alors beaucoup plus sérieuse que la bourse. Les hérétiques méritent donc de l'indulgence. On leur demandait d'assumer une foule de contradictions qui pouvaient leur faire craindre pour leur santé mentale – à commencer par la double contradiction d'un Dieu-Homme avec une nature *unique*, et celle d'un seul Dieu en Trois Personnes (l'Eternel, le Verbe et l'Intercesseur). Qui leur jetterait la pierre ?

La troisième hypostase de la Trinité n'était pas la plus simple à accepter au Panthéon chrétien. Le Saint-Esprit, celui qui conseille et console, dont le Psaume 150 déclare qu'il « habite en nos cœurs » (vraiment ?), n'est évoqué dans la Bible que par l'apôtre le plus obscur, Jean, et le message essentiel des quelques lignes qui lui sont consacrées est la promesse faite par le Christ à ses disciples qu'il viendrait après sa mort (cette venue est célébrée le septième dimanche après Pâques). Voici les textes de Jean : « Le Père vous donnera un autre Paraclet, pour être avec vous à jamais, l'Esprit de Vérité » ; « le Paraclet, l'Esprit-Saint, que le Père enverra en mon nom, vous enseignera tout », et : « Quand viendra le Paraclet, que je vous enverrai d'auprès du Père, l'Esprit de vérité, qui provient du Père, me rendra témoignage. Et vous aussi, vous témoignerez. »

Il y a là matière à confusion : c'est tantôt le Père qui donne l'Esprit-Saint, tantôt le Christ, tantôt le Père au nom du Christ. Il est question d'un « autre » Paraclet, comme si le Christ en était un lui-même, pour témoigner du Fils. De là à conclure que l'Esprit-Saint est non seulement consubstantiel au Père et au Fils, mais distinct de l'un et l'autre, il y a de la marge, d'autant que les trois autres évangélistes sont muets sur ce chapitre. D'où la sympathie que pouvait éveiller chez certains la doctrine des Pneumatomaques – sans avoir le moins du monde l'intention de faire injure au Paraclet.

La Torah comporte un beau passage sur la colombe, qui n'est pas celle du déluge où elle revient dans l'arche avec son rameau tout frais d'olivier dans le bec pour faire connaître à Noé que les eaux ont diminué à la surface de la terre. Il s'agit d'une histoire plus symbolique : « Tous les oiseaux, touchés par la fatigue, se reposent sur un rocher ou sur un arbre ; la colombe, par contre, lorsque la fatigue l'envahit poursuit son vol d'une seule aile, repliant l'autre. » Même fatiguée, elle continue de voler haut, sans se laisser abattre par les penchants des hommes qui sont parfois, si l'on en croit

La Rochefoucauld, « bas comme l'herbe ». Son vol continu évoque une autre dimension, qui ne disparaît jamais car elle est de l'ordre de l'infini. Question pour Nietzsche : quand Dieu se retire, après en avoir été sommé à plus d'une reprise en termes peu équivoques par les hommes, l'Esprit-Saint continue-t-il de veiller ?

Revenons à nos hérésies. En un sens, il eût été plus équitable pour les autorités religieuses de l'époque de reconnaître simplement que la nature de Dieu n'est pas accessible à la raison, qu'Il se révèle en se cachant, et que ce n'est pas une raison suffisante pour pondre des dogmes à tour de bras (terme utilisé ici de façon un peu abusive car la première définition du dogme, qui détermine ce que les chrétiens doivent croire, date du quatrième concile de Latran en 1215, et l'on ne sera pas surpris d'apprendre qu'il institue aussi l'Inquisition). Mais que serait alors devenue l'Eglise dans un monde où tous les grands esprits se posaient des questions sur la nature du Christ en leur donnant des réponses différentes ou contradictoires ? Comment enseigner le christianisme dans ces conditions ? Et comment garantir l'autorité de Rome ?

Pour les ignorants que nous sommes, les représentations de la Trinité donnent une idée plus accessible que les traités théologiques des apories auxquelles conduit ce grand mystère. On trouve essentiellement trois versions iconographiques de la Trinité, avec quelques variations, à partir du XIe siècle. La plus répandue, et la seule acceptée par l'Eglise à partir du concile de Trente (1545-1563), où Rome a senti passer le boulet du canon lancé par Calvin et surtout par Luther, est celle du vieillard barbu tenant le Christ en croix entre ses bras tandis qu'une colombe ouvre ses ailes entre eux deux. Cette représentation, dont Masaccio a légué une traduction picturale bouleversante dans le tableau qui se trouve à l'église Santa Maria Novella de Florence, donne une image sensible de la différence qui sépare les trois personnes de la divinité.

En réalité, si le langage a un sens, il y a là deux personnes seulement, auxquelles se joint un oiseau que les Anglais, sans doute pour le plaisir de compliquer encore un peu les choses, appellent le Saint Fantôme (*The Holy Ghost*), peut-être à la suite d'un héritage germanique (*Der Heilige Geist, Geist* ayant deux significations : esprit et fantôme, ce qui était peut-être le cas pour *ghost* en des temps anciens). La représentation du Saint-Esprit sous la forme d'une personne a causé quelques émotions à Rome au XVIIIe siècle. En 1744 en effet, le Saint-Siège était averti de la distribution incontrôlée d'images représentant le Saint-Esprit non sous la forme d'une colombe mais d'un beau jeune homme, à la suite de la vision d'une moniale franciscaine, Crescence Hoss. La réaction de Benoît XIV ne se fit pas attendre : « Nous vous commandons… de veiller à ce que ces représentations soient empêchées de proliférer de quelque manière que ce soit ; et, en quelque lieu que vous appreniez qu'il en existe de les faire disparaître toutes et chacune. » L'Esprit-Saint n'a qu'à bien se tenir : il n'est pas autorisé par Rome à apparaître sous la forme d'un beau jeune homme, surtout dans les couvents.

En tout état de cause, et quelle que soit la forme retenue pour la troisième personne de la Trinité, la représentation du Père, du Fils et de l'Esprit-Saint dans l'arrangement retenu par le concile de Trente ne donne aucune idée de la consubstantialité des trois personnes. La raison pour laquelle Rome a jugé que c'était la version iconographique la moins perturbante pour les fidèles – c'est la raison qui a été donnée – demeure donc énigmatique.

D'autant plus qu'il se trouve une autre version, très prisée des missionnaires du Nouveau Monde – qui ont eu le droit de la conserver pour convertir leurs ouailles – où la Trinité est représentée par trois personnages séparés mais identiques. Cette représentation est rare car chacun des trois est censé avoir des attributs distincts et l'identité dit très exactement le contraire. On en trouve une version à Vienne à la Maison des Templiers (*Schatzkammer des Deutschen Ordens*), sous la forme d'un tableau ukrainien de 1440, antérieur donc au concile de Trente. Trois personnages recouverts d'une longue robe rouge sont assis côte à côte. Ils tiennent chacun dans la main gauche le monde surmonté d'une croix et bénissent de la main droite. La Vierge est représentée au premier plan, au centre, à plus petite échelle, agenouillée et priant.

Pourquoi les missionnaires ont-ils tenu à conserver ce type d'image ? Ils ont expliqué à leur hiérarchie qu'il leur était plus facile de faire comprendre la triple nature de Dieu en y ayant recours. On aimerait pouvoir parler directement aux récipiendaires de leur prédication pour savoir ce qu'ils en pensaient et surtout ce qu'ils en avaient retenu. Ceux qui ont une expérience professorale sur des sujets moins ardus préfèrent sûrement ne pas avoir la possibilité de poser de questions sur un pareil sujet à des hommes morts au XVIe siècle. Dans le cas d'espèce, il y avait cependant une situation historique sur laquelle les candidats à la conversion pouvaient s'appuyer pour dissiper l'étrangeté du message : le roi des Incas, de nature divine, avait un frère au moment de l'arrivée des Espagnols. Il suffisait donc de retenir cette croyance et d'ajouter un personnage supplémentaire.

Les trois anges de Roublev font partie de la même tradition, à cette différence importante près : ils ne sont pas identiques. Leurs visages jeunes – comme ceux de tous les anges – sont très proches dans l'expression, mais bien distincts, comme pour marquer l'unité et la diversité de la réalité divine. Ils sont assis aux trois côtés d'une table dont le quatrième demeure inoccupé. Il serait probablement plus juste de dire libre, car qui peut ainsi venir les rejoindre si ce n'est leur créature ? Luc y fait allusion : « Vous mangerez et boirez à ma table en mon Royaume. » Les anges, dira-t-on, sont en général des messagers de la divinité plutôt que la divinité elle-même. Andreï Roublev peut avancer dans la Bible l'épisode de la visite de trois hommes à Abraham : les commentateurs, et Augustin en personne, écrivent le plus souvent qu'il s'agit de la Trinité, préfigurée sous cette forme dans l'Ancien Testament, et souvent conservée ainsi dans l'Eglise d'Orient.

Ce n'est pas un élément simplificateur, mais c'est ce que dit la Genèse dans la Bible de Jérusalem : « Le Seigneur lui apparut au Val de Mambré, au plus haut du jour, tandis qu'il était assis à l'entrée de sa tente... Comme il levait les yeux, trois hommes lui apparurent qui se tenaient debout près de lui ; les voyant, il courut de l'entrée de la tente et se prosterna à terre. » Puis Abraham ne s'adresse qu'à un seul d'entre eux, comme s'il comprenait qu'il s'agit d'une seule personne : « Seigneur, si j'ai trouvé grâce à tes yeux, ne passe pas près de ton serviteur sans t'arrêter », et propose de l'eau et du pain. Ce à quoi « Ils » répondirent : « Fais donc comme tu as dit », le texte évoquant à nouveau leur pluralité. Puis « ils » demandent à Abraham où est Sara, et lorsqu'il a répondu, l'hôte (singulier), qui reçoit un peu plus loin le nom de Yahvé, écartant toute erreur possible, lui annonce qu'il reviendra l'an prochain et que Sara aura un fils. L'Eglise se croit sans doute plus proche de Dieu et de la Trinité qu'Abraham pour interdire ce type de représentation.

La troisième version, plus rare encore, est celle d'une tête à trois faces, représentation familière de la divinité en Inde, où la générosité de l'hindouisme leur en donne même souvent cinq voire davantage dans de nombreuses sculptures, la dernière surplombant toutes les autres. On ne perd ainsi de vue aucune direction et on peut même prendre si nécessaire un peu – ou beaucoup – de hauteur supplémentaire. Dans le christianisme, plus sobre, la tête à trois faces est rare parce qu'elle représente la Trinité sous la forme de trois personnes dans un esprit divin unique (nouvelle hérésie critiquée par Tertullien dans *Adversus Praxeas* sous le nom de modalisme – trois modes d'un même Dieu – ou encore de sabellianisme) et non une personne avec trois attributs. (Ceux qui ne suivent plus sont moins perdus qu'ils ne le pensent.) Il existe cependant quelques représentations iconographiques de cette version des trois faces d'une tête unique. L'une vous regarde tandis que les deux autres ont un de leurs yeux sur le côté.

Les Parisiens n'ont pas à se déplacer très loin pour en voir une belle image. Il leur suffit de se rendre à Provins, où se trouve, rue du Palais, une icône sur bois du XVe siècle, appartenant au Trésor de Saint-Quiriace. C'est la tête du Christ avec trois faces. Le vieillard barbu et l'oiseau ont disparu, et c'est sans doute la représentation la plus convaincante de « Trois en Un » mais les notions de Père, de Fils et de Saint-Esprit n'apparaissent plus. Le Christ a envahi toute la scène avec majesté. Cette version est peut-être hérétique mais sa puissance énigmatique fait immédiatement comprendre qu'on ne se trouve pas en face d'une idée simple.

Tel n'est pas l'avis du cardinal Bellarmin, le persécuteur de Giordano Bruno et de Galilée : « On ne doit pas multiplier ces images ni tolérer l'audace des peintres qui se fient à eux-mêmes pour fabriquer des images de la Trinité et représentent par exemple un homme à trois visages ou à deux têtes avec au milieu une colombe ; car ce sont manifestement des monstres, et ils offensent plus par leur laideur qu'ils n'aident par leur ressemblance. » L'image de Provins, loin d'être monstrueuse, est belle et mystérieuse. Tant pis pour le cardinal, qui ne comprend pas qu'il ne peut y avoir de représentation matérielle « logique » d'un mystère, et pour Urbain VIII qui ordonna au XVIIe siècle de brûler ces peintures.

Il y a encore une représentation simplifiée de la Trinité : un triangle éclatant de lumière avec au centre, le nom de Yahvé, et parfois l'œil de la connaissance. Un vitrail de l'église Saint-Germain à Paris en donne une illustration, une autre se trouve à Saint-Thomas d'Aquin, une troisième à Saint-Roch (où ceux qui connaissent des causes désespérées, comme celle de comprendre la Trinité, trouveront aussi Rita). Les caractères sont en hébreu, ce que les Juifs ont du mal à croire quand on le leur indique. Enfin, on trouve parfois, très rarement il est vrai, des représentations de la Vierge portant la Trinité en son sein.

Des trois personnes de la Trinité, laquelle est la plus mystérieuse ? Le Père éternel qui déclenche le déluge parce qu'il ne peut plus supporter sa création alors qu'il est censé connaître de toute éternité les problèmes qu'il va avoir avec sa créature. (Quoique. Il y a dans la Genèse un passage qui permet de se poser la question : « Je suis prêt à donner Mon accord aux anges qui, lors de la création, avaient fait le reproche suivant : qu'est-ce que l'homme pour que tu t'en souviennes ? ») ? El Shaddaï qui apparaît à Abram – le nom d'Abraham lui sera donné ce jour-là – à l'âge de quatre-vingt-dix-neuf ans pour lui annoncer une alliance personnelle (« entre toi et moi »), la naissance d'un fils qu'il nommera Isaac, et lui demande ensuite de sacrifier sur le Mont Moriah ce fils de l'alliance ? De sacrifier précisément celui qui a mis si longtemps à venir pour assurer la permanence de la promesse divine ? Sara ne supportera pas l'épreuve et en mourra. Celui qui cherche à faire mourir le plus grand de ses serviteurs, Moïse, sur le chemin du retour de Madian en Egypte ? Ce même Moïse dont Dieu dit alors qu'il est encore petit : « cet enfant est appelé, un jour, à converser avec Moi », est en effet traité en ennemi une nuit de halte au cours d'un voyage : « Yahvé le rencontra et tenta de le faire mourir. » Plus tard, Dieu le Père interdira à Moïse d'entrer en Terre Sainte après les quarante années dans le désert parce que celui-ci a eu un doute avant de frapper le rocher. Il envoie enfin son propre fils sur terre pour qu'il soit crucifié et l'abandonne au moment de sa mort. N'est-ce pas Lui le plus incompréhensible ?

Ou est-ce plutôt le Fils, à la fois Dieu et Homme, roi sans royaume, baptisé par son cousin Jean dans le Jourdain, qui fait une relecture complète des Ecritures (« On vous a dit, mais moi je vous dis »), en affirmant qu'il est « la Voie, la Vérité et la Vie » ? Le Fils qui est tenté par trois fois par le démon dans le désert ? Qui dit à Lazare mort : « Lazare, viens ici. Dehors ! », le fait sortir de sa tombe, mais accepte de mourir dans des conditions atroces, pour des individus qui lui préfèrent un bandit (Barabbas), ou le condamnent en le sachant innocent (Pilate) ? Le plus tourmenté et le plus glorieux des trois personnes de la Trinité, celui qui meurt et ressuscite, comme Dionysos dans la mythologie grecque ?

Ou est-ce encore le Saint-Esprit, qui vient sous forme de langue de feu – il abandonne à l'occasion son costume de colombe – pour donner aux disciples du Christ le don des langues, et dont Ezéchiel, un des trois plus grands prophètes de la Bible, prétend – ce qui paraît plus difficile à croire que tout le reste réuni – qu'il éclairera *toutes* les créatures à la fin des temps ? Attention : l'Esprit est des Trois Personnes celui contre qui il faut se garder de pécher, car c'est la seule faute qui demeure sans pardon.

Pour différencier les trois personnes divines, on parle souvent de l'Eternel, qui se décrit lui-même par la formule « Je suis Celui qui suis », du Verbe ou Logos en qui Dieu s'est incarné (mais qui était « avant Abraham »), et du Souffle de Dieu, qui inspire les prophètes. Le judaïsme s'intéresse surtout au Père sous ses deux aspects de colère et de miséricorde, le catholicisme au Fils (mort et résurrection), et l'orthodoxie à l'Esprit, qui ne procède que du Père dans cette confession, raison pour laquelle la querelle du *filioque* a pris de telles proportions dans les relations entre les Eglises d'Orient et d'Occident.

Dans un des textes les plus inspirés de la Bible, Jean réunit le Père et le Fils tout en les distinguant : « Au commencement était le Verbe, et le Verbe était avec Dieu et le Verbe était Dieu. » Et l'ange Gabriel annonce à Marie que Dieu lui enverra son Esprit et qu'elle concevra son Fils, tandis que lors du baptême du Christ par Jean-Baptiste, les cieux s'ouvrent, l'Esprit de Dieu descend sous forme d'une colombe sur le Christ et une voix venue des cieux dit : « Celui-ci est mon Fils bien-aimé, qui a toute ma faveur », rappelant l'oracle d'Isaïe : « Voici mon Serviteur que j'ai choisi, mon Bien-aimé qui a toute ma faveur. Je répandrai sur lui mon Esprit et il annoncera la vraie foi aux nations. »

Quand on cherche à représenter ou à comprendre un mystère, il n'est pas étonnant que l'on rencontre quelques difficultés. Si la divinité n'était pas mystérieuse, que resterait-il de la transcendance, plus importante pour la religion que l'immanence de Rome ? Mais on peut aussi laisser une porte ouverte à une autre forme d'immanence. Par exemple, ceux qui ont fait le choix du spinozisme et croient au *Deus sive Natura* du philosophe juif d'origine portugaise – il ne doit pas y en avoir beaucoup par les temps qui courent –, ceux-là donc pourront découvrir avec intérêt dans la dernière variation de cet essai que la nature est aussi mystérieuse – et aussi contradictoire – que la divinité. Cela apportera de l'eau à leur moulin. La réflexion philosophique et religieuse est devenue si pauvre qu'il faut avoir l'esprit large avec ceux qui s'écartent d'une voie de toute façon perdue sous les broussailles depuis longtemps.

2

La Folie d'Ajax

Dans le récit de la guerre de Troie, un guerrier grec illustre de façon tragique la noblesse de l'échec dont Ian Morris parle si bien en décrivant les héros de l'histoire du Japon. Il s'agit d'Ajax, fils de Télamon, roi de Salamine et l'un des Argonautes. Il est grand, il est beau, et c'est un des meilleurs guerriers grecs. Il dispute à Ulysse le droit de porter les armes d'Achille à la mort de celui-ci, perd ce combat, devient fou et se suicide. La nuit de sa folie est un des plus grands événements – littéraires sinon épiques – de la guerre de Troie. Il a inspiré Homère, mais aussi Pindare, Pausanias, Eschyle dans une trilogie perdue, Sophocle (*Ajax*, la plus ancienne de ses pièces conservées) et Virgile dans l'*Enéide*. Dans *Troïlus et Cressida*, Shakespeare choisit un

37

épisode antérieur de la guerre, puisqu'il termine sa pièce avec la mort d'Hector, mais Ajax y figure comme une âme généreuse. C'est un ami d'Achille qui sait aussi reconnaître la grandeur du prince troyen.

Tout avait très bien commencé pour Ajax : il avait reçu au berceau la protection d'Héraklès, et l'on raconte que le héros l'a emmaillotté dans la peau du lion de Némée. Pour un futur guerrier, ce n'était pas un mauvais départ. Même si, comme Achille immergé qui garde un point vulnérable au talon pour cause d'insouciance de sa mère Thétis – elle le tient par un pied en le plongeant dans le Styx (la tapisserie de Rubens sur ce thème illustre le côté peu maternel du geste, avec le pauvre bébé tenu par un pied dans une position extravagante), une petite partie du corps de l'enfant, sur le côté gauche, échappe à la protection héroïque. Son véritable problème est cependant, comme on va le voir, une injustice à la fin de la guerre de Troie doublée de l'hostilité que lui porte une déesse dont la fonction est pourtant en principe la protection des héros, « la fille de Zeus au regard terrible », Athéna. Dans l'Antiquité, les héros tragiques sont aux prises avec les dieux.

Un serment oblige Ajax à suivre Agamemnon et Ménélas quand ils partent pour Troie récupérer Hélène, dont il était un des prétendants. Sa contribution à l'expédition est substantielle : pas moins de douze bateaux (Achille le devance avec une flotte de cinquante navires). Dans l'*Iliade*, on le voit souvent sur le champ de bataille, magnifique géant qui dépasse tous les autres Grecs d'une bonne tête – son nom signifie l'aigle – et qui se bat vigoureusement pendant dix ans alors que, comme on sait, Achille passe presque tout ce temps sous sa tente à bouder (*Ma récompense ! Ma récompense !* geint-il après qu'Agamemnon, qui a sa vie durant des problèmes avec les femmes, lui a confisqué la belle Briséis).

Dans son duel avec Hector, le premier des guerriers Troyens, Ajax a l'avantage sur son adversaire, mais Hector est aidé par Apollon et la nuit tombe, mettant fin au combat : « Sur quoi Ajax, à son tour, saisit une pierre bien plus grande. Il la soulève, la fait tournoyer et la lance, en y ajoutant le poids de sa vigueur sans limites. Il atteint, il enfonce le bouclier sous ce roc lourd comme une meule, et il fait, de la sorte, trébucher les genoux d'Hector, qui s'étale à la renverse, blessé par son propre écu. Mais, à l'instant même, Apollon l'a remis debout. Ils se fussent alors attaqués de près à l'épée, si les deux hérauts, messagers de Zeus et des hommes, n'étaient intervenus, l'un au nom des Troyens, l'autre des Achéens à la cotte de bronze. » Etre remis debout par Apollon en personne n'est certes pas rien, puisque c'est le signe d'une protection divine, mais ce n'est pas glorieux pour un guerrier. Après cette intervention de l'Olympe, Ajax n'a pas même la chance d'affronter Hector à l'épée, comme il s'y apprête, car Zeus se mêle alors de l'histoire et envoie les hérauts de la nuit, dont Homère dit qu'elle « mérite aussi qu'on l'écoute ».

Ajax rencontre Hector une deuxième fois en combat singulier, et réussit alors pratiquement à le tuer en le frappant près de la gorge. Le coup est si violent qu'Hector en perd le souffle, tournoie sur lui-même et s'écroule dans la poussière, perdant sa lance, son bouclier et son casque. Il est à la merci d'Ajax. Mais un rempart de Troyens est alors constitué autour de son corps. Si l'on y songe, ce double échec devant Hector, qu'il aurait pu tuer à deux reprises, donne une idée du destin d'Ajax, qui a la capacité de réaliser des exploits non voulus par les dieux. S'il avait réussi, qui aurait tué Patrocle ? Qui aurait convaincu Achille de revenir sur le champ de bataille ? Et que serait devenue la belle ville de Troie ? Le destin n'aime pas ceux qui cherchent à le contrarier, même involontairement (Ajax est un homme pieux).

Le plus brillant exploit d'Ajax dans l'*Iliade* n'est pas son combat avec Hector. C'est la défense épuisante de la flotte grecque qu'il assure contre l'assaut inattendu des Troyens. Voici le récit d'Homère : « Son casque éclatant autour de ses tempes résonne terriblement sous les coups ; les traits frappent sans répit les solides bossettes. Il sent son épaule gauche se lasser, à porter ainsi continûment son écu scintillant. Ceux qui l'entourent l'écrasent sous leurs traits, sans arriver à l'ébranler. » Et voici la version de Christopher Logue, dans sa reprise de l'*Iliade* (*War Music*, un grand poème sur les livres 16 à 19) : « L'air était devenu si épais avec les flèches troyennes qu'elles sifflaient les unes contre les autres ; et sous elles les Troyens approchaient en une masse compacte. Ajax ouvrit ses bras, prit son javelot à l'horizontale et se contenta de les repousser. »

Tout cela, seul parmi les principaux personnages de l'*Iliade*, qui ont tous des protecteurs haut placés, Apollon ou Athéna, il le fait sans avoir le moindre soutien des dieux. Il a même contre lui Apollon, dont la préférence pour Troie est connue, et Athéna, qui s'intéresse au sort d'Ulysse, le plus important des rivaux d'Ajax. Sous les murs de Troie, où la vie quotidienne est déjà rude, cela fait beaucoup pour un seul guerrier. Ajax n'a pas l'intelligence d'Ulysse, il n'a pas son sens de la stratégie, et il ne mérite pas, comme lui, d'être considéré comme un sage, et même comme le type du Sage. Mais c'est un homme qui fait tout sans rien demander à personne. Il y a chez lui un côté « moi tout seul » un peu enfantin qui touche (et irrite peut-être l'Olympe).

Il a aussi l'intuition qu'il ne faut pas mélanger l'univers des mortels et celui des immortels sous peine de produire des catastrophes. Il sera lui-même victime de l'une d'entre elles. Il n'a peur de rien, sauf du déshonneur ; c'est beaucoup plus rare que le don de la ruse dont on gratifie Ulysse.

Enfin, c'est un grand cœur et un ami fidèle. Il tente de ramener Achille au combat avec des arguments plus puissants que ceux d'Ulysse, dont il n'a pas le talent oratoire. Il trouve des phrases qui vont droit au cœur du héros, lui reprochant son égoïsme et sa dureté face aux malheurs des Grecs. Plus tard, c'est lui et non Ulysse qui protège le corps de Patrocle sur le champ de bataille, quand il a été dépouillé de son armure, tandis qu'Antilochus court annoncer l'affreuse nouvelle à Achille (« Pourquoi moi ? » demande Antilochus effrayé par sa mission. « Parce que », répond Ulysse). Les Troyens veulent mutiler Patrocle d'atroce façon. Ajax veille à l'intégrité physique de sa dépouille. Voici la description d'Homère : « Ajax couvrit Patrocle de son large bouclier, debout à ses côtés comme un lion protégeant ses lionceaux. »

C'est encore lui qui ramène au camp le corps d'Achille, tué à distance par Pâris, qui n'aurait jamais pu le vaincre au corps à corps. Il adopte même son fils Pyrrhus, qui combat à ses côtés. Ses droits aux armes d'Achille après la mort de ce dernier sont donc fermement établis. Il n'a lui-même aucun doute sur l'héritage. Cependant, lors des jeux funéraires qui ont lieu après l'enterrement du héros, le sort tourne en sa défaveur, signe d'une anomalie. Dans une autre version, c'est à l'issue d'une discussion sur le plus digne de recevoir les armes d'Achille (où même les Troyens donnent un avis, parce qu'elles devaient revenir au plus vaillant, et donc à celui que les Troyens craignaient le plus : ils désignent Ulysse au lieu d'Ajax par dépit envers le second) qu'Ulysse finit par l'emporter.

Après toutes ces années de combat et de fidélité à la cause grecque, où sa vie a si souvent été en jeu, à cause aussi de son affection pour Achille, ce jugement l'enrage – littéralement – car si l'on ne reconnaît pas sa vaillance, Ajax est un homme mort : contrairement à Ulysse, il n'est rien d'autre. Il ne peut accepter le jugement et décide de venger son honneur en tuant les Atrides. C'est alors qu'Athéna – la figure la plus énigmatique de tout le Panthéon grec – intervient de façon particulièrement perfide : elle le rend fou. Il passe une nuit entière à tuer des bœufs, des moutons et des chèvres (butin pris par les Grecs pour assurer leur subsistance) qu'il prend pour Ulysse, Agamemnon, Ménélas et leurs hommes. Au petit matin, avec la lumière du jour, revient celle de la raison (c'est le début de la pièce de Sophocle). La lucidité et le déshonneur succèdent à l'égarement. Ajax contemple en pleine conscience les résultats de sa lutte nocturne : il voit l'effroyable carnage des animaux égorgés autour de lui, et comprend que non seulement il n'a pas tué ses ennemis mais que lui, Ajax, le plus grand après Achille, est devenu un objet de risée (« Comme on rit de moi ! »).

C'est alors qu'il sombre dans le désespoir et décide de se suicider. Sophocle : « Me voyez-vous, moi le valeureux, celui qui n'a jamais eu peur pendant la guerre, maintenant réduit à tuer des animaux ? Quelle honte ! J'ai laissé mes ennemis s'échapper et je suis tombé sur des troupeaux de chèvres et de moutons, versant leur sombre sang. » On souligne rarement que cette folle nuit d'Ajax a eu un effet important sur le conflit en privant les Grecs de ressources vitales : la chute de Troie en est retardée et Agamemnon mettra ainsi plus longtemps à regagner sa demeure, où Egisthe et Clytemnestre nouent leur projets criminels. Ajax n'a aucune pensée pour cette conséquence qui sert son objectif ; il ne songe qu'à disparaître. Les supplications de sa concubine qui a de lui un petit garçon – son successeur futur sur le trône de Salamine – n'y font rien : l'honneur est plus important que l'amour, et l'amour est de toute façon impossible pour un héros déshonoré.

L'expérience de l'insufflation divine de la folie (*atê*) n'est pas réservée à Ajax. C'est elle, de son propre aveu, qui a déjà conduit Agamemnon à compenser la perte de sa compagne en enlevant celle d'Achille, avec les conséquences que l'on sait : « Ce n'est pas moi qui suis coupable, mais Zeus, et le Destin, et l'Erinye qui marche dans l'obscurité : ceux-là, à l'assemblée, mirent dans mon entendement une *atê* farouche, ce jour où arbitrairement je dépouillai Achille de sa part d'honneur. Qu'y pouvais-je faire ? La divinité fera toujours ce qu'elle voudra. » (Agamemnon a de bonnes raisons familiales de croire au destin.) Comme si les dieux avaient voulu faire durer la guerre, une pensée qui ne les rend pas sympathiques. De même, quand Ulysse devient la victime non d'Athéna, qui le protège, mais de Poséidon, il doit y avoir des raisons pour que son retour au foyer dure aussi longtemps. Lesquelles ? L'inimitié du dieu de la mer est-elle une raison suffisante ?

Dans le cas d'Ajax, l'intervention divine est explicite. Le héros est soumis à une série d'hallucinations, qui durent toute la nuit. La tragédie commence au petit matin avec la découverte des animaux sacrifiés. La perturbation de la conscience normale prend progressivement fin, comme au réveil d'une anesthésie. Dans la pièce de Sophocle, Ajax se rend sur une île, où son frère Teucros tente de le convaincre que son crime sera pardonné des dieux s'il demeure caché. Ajax, se cacher? Ce n'est pas une offre acceptable pour un héros. Rentrer couvert de mépris chez son vieux père Télamon? Ce n'est pas supportable. Comme Œdipe, il a la hauteur d'une victime des dieux. Et comme les grands héros tragiques, Ajax est fondamentalement seul (le symbole de l'île). Il décide donc de se tuer et se jette sur son épée fixée au sol pour mourir avec gloire. Les Atrides, mesquins, refusent de lui donner une sépulture jusqu'au moment où Ulysse intervient en sa faveur.

Il y a dans la psychologie de ce héros quelque chose d'étrange qu'Homère a lui-même souligné dans l'*Odyssée*. Ulysse rencontre son ombre dans l'Hadès et lui demande pardon, preuve qu'il ne se sent pas fier de la façon dont les armes d'Achille lui sont revenues (d'autant qu'Ajax a dans l'*Iliade* porté secours à Ulysse blessé). Mais l'ombre se détourne avec hauteur en refusant de parler (« Ajax ne répondit pas et se détourna vers Erebos avec d'autres fantômes »). Ce silence d'Ajax dans le monde des morts était célèbre dans l'Antiquité : le Pseudo-Longin souligne qu'il est « plus sublime qu'aucun mot n'aurait pu l'être ». La blessure est inguérissable.

Pausanias reconnaît, lui aussi, l'injustice faite à Ajax, puisque dans son récit, lors d'un des multiples problèmes d'Ulysse avec son embarcation, les armes d'Achille échouent précisément sur la côte où est enterré Ajax, qui récupère ainsi son bien après la mort. La version la plus poétique est celle d'Ovide qui fait pousser une fleur – la jacinthe – à l'endroit même où tombe le sang d'Ajax quand il se tue sur l'épée qui a servi au massacre nocturne. Les pétales de la fleur forment les lettres A et I, c'est-à-dire en grec les deux premières lettres du nom d'Ajax, mais aussi les deux premières du mot « hélas ». Cette malédiction du nom est aussi soulignée dans la tragédie de Sophocle : « Ayaï, Ajax ! Qui aurait pu penser que mon nom convienne ainsi à mes malheurs ? »

Son esprit repose à présent avec Achille et Patrocle sur une île de la mer Noire, à l'embouchure du Danube. Vous qui passez par là, ayez une pensée pour ce héros. Sa grandeur nous est devenue étrangère, mais sa folie mélancolique et la tristesse de son cœur font de lui un ami inconnu : « Ténèbres ma lumière, Erèbe si lumineux pour moi, prenez-moi, prenez-moi que j'habite chez vous, prenez-moi. »

3

Le Rêveur

Chacun se retire en lui-même dans le rêve. Et dans ce monde intérieur, il se passe des choses étranges : les oiseaux parlent comme des êtres humains, les couloirs des maisons n'en finissent pas, et des lapins en costume courent en consultant leur montre de peur d'arriver en retard chez une duchesse. Cette étrangeté peut parfois être dissipée sans avoir recours à des codes d'interprétation complexes. Par exemple, le rêve de Jules Supervielle : « Soudain, je me sentis comblé. J'étais devenu un rhinocéros et trottais dans la brousse. Moi, si vulnérable d'habitude, je pouvais enfin affronter la lutte pour la vie avec de grandes chances de succès. Ma métamorphose me paraissait tout à fait réussie jusqu'à ses profondeurs et tournait au chef-d'œuvre, lorsque j'entendis distinctement deux vers de Mallarmé dans ma tête dure et cornée. Décidément, tout était à recommencer. »

Supervielle devait avoir une conscience aiguë de n'être qu'un animal grossier comparé à Mallarmé, qui fait un chef-d'œuvre inaccessible à sa tête « dure et cornée ». C'est probablement à cela qu'il est vulnérable, et comme on le sait maintenant, il n'a servi à rien de recommencer : le rhinocéros a continué de trotter dans la brousse, tandis que Mallarmé tutoyait les anges.

Mais que dire du rêve du marchand de cercueils dans la nouvelle de Pouchkine qui porte ce nom, où tous les morts qu'il a mis en bière se retrouvent un beau matin dans sa salle à manger, alors que ses comparses de la veille l'ont obligé à boire à leur santé ? Il se réveille dans un état de terreur indescriptible. Est-ce la crainte de la transgression (du respect que l'on doit aux morts) qui inspire cette scène macabre à l'auteur ? Ou n'est-ce pas plutôt l'attrait de cette transgression que l'auteur manifeste aussi dans son *Don Juan* ou dans *Le Cavalier de Bronze* ? Quand on connaît un peu Pouchkine, la deuxième explication est plus probable que la première. Mais le mécanisme psychologique qui a conduit à cette création spécifique n'est pas plus simple à comprendre après avoir donné cette réponse.

Parfois, l'interprétation est plus compliquée encore. C'est le cas d'un rêve de Jung, vers la fin de l'année 1912, où il se trouve assis devant une table taillée dans de l'émeraude. Une colombe se pose sur la table, se transforme en une petite fille blonde qui lui passe affectueusement les bras autour du cou, puis disparaît, redevient colombe et déclare au rêveur : « Ce n'est que dans les premières heures de la nuit que je puis me transformer en être humain, tandis que la colombe mâle s'occupe des douze morts. » Jung n'a jamais élucidé ce rêve.

Il pense à la sagesse alchimique (à cause de la table d'émeraude d'Hermès Trismégiste), mais quel rapport pouvait bien avoir la colombe mâle (*Tauber* dans le texte allemand) et les douze morts ? Il songe alors aux douze apôtres, aux douze mois de l'année, aux signes du zodiaque, comprend que les douze morts expriment peut-être des formes usées ou disparues de la vie, une angoisse de destruction (la nuit qui descend sur l'Europe ?), mais il finit par jeter l'éponge, découragé par la complexité de ce rêve. Qu'aurait dit Freud ? Comme on le verra plus loin, les rêves de Jung avaient la particularité de le décontenancer.

Le rêve bouleverse les catégories de l'espace et du temps. L'ubiquité y est possible : on se trouve souvent dans des endroits différents au même moment. En un sens, le phénomène n'est pas propre au rêve : dans la vie diurne, des phénomènes psychologiques parallèles dont on ignore la cause se produisent, que l'on nomme faute de mieux coïncidences. Mais il est plus rare de se trouver à la fois dans le Grand Nord et dans tous les villages où l'on est attendu, comme le Père Noël.

Une des spécialités – désagréable celle-là – du rêve consiste à courir sans se déplacer, une bizarrerie chargée d'angoisse, que souligne déjà Homère dans l'*Iliade* : « De même que dans un rêve l'un fuit et l'autre ne peut pas le poursuivre, l'un ne peut pas remuer pour s'échapper ni l'autre pour le poursuivre, ainsi Achille ne pouvait pas rattraper Hector dans sa course, ni Hector lui échapper. » Zénon d'Elée, chez qui Achille ne rattrape jamais la tortue en raison de la divisibilité du mouvement, serait un grand amateur de cette caractéristique onirique qu'il transpose de façon paradoxale dans une réalité incompatible avec la vie éveillée.

Quant au temps, l'inconscient l'ignore purement et simplement. On interprète généralement cette affirmation de Freud (« L'inconscient ignore le temps ») comme une expression du caractère indestructible de tout ce que le psychisme a stocké. Mais le rêve présente un autre phénomène qui donne le vertige : l'accélération du temps, qui, portée à l'extrême, offre une version temporelle du phénomène d'ubiquité spatiale. Un rêve du psychologue Maury – célèbre pour sa thèse du rêve ultra-rapide – illustre ce phénomène à la perfection.

Le rêveur, transporté à l'époque de la Terreur, traverse une série de scènes sanglantes avant d'être lui-même arrêté, emprisonné et conduit devant le tribunal où siègent Robespierre, Marat et Fouquier-Tinville. A l'issue de son interrogatoire, il est condamné à mort et conduit à l'échafaud. Le bourreau l'attache sur la planche. Le couperet tombe. Il sent sa tête se séparer de son corps et se réveille dans un épouvantable état d'angoisse. La tête du lit vient de lui tomber sur la nuque.

Le plus étrange dans ce rêve n'est pas son

contenu, que l'on pourra interpréter comme une angoisse de castration si l'on aime les classiques. Ce n'est pas non plus (quoique…) la rencontre singulière du rêve et de la réalité. Le plus étrange est la prodigieuse accélération du temps : la chute de la tête de lit sur la nuque du rêveur – qui a dû se produire en moins d'une seconde – laisse à ce dernier le temps de se transporter sous la Révolution, d'assister à de nombreuses scènes de meurtre, d'être arrêté, emprisonné, interrogé, condamné et exécuté. Même avec une justice expéditive comme celle de Fouquier-Tinville, le chronomètre est détraqué. Cette accélération hallucinante, une des caractéristiques du rêve selon Freud, donne de la vie psychique une curieuse image.

Elle est cependant loin de faire l'unanimité. Il paraît que l'on passe environ deux heures par nuit à rêver (les insomniaques seront jaloux), et que la durée de chaque rêve oscille entre cinq et vingt minutes. La prouesse de Maury (s'il ne s'agit pas d'une reconstruction *post factum*, le récit étant séparé du rêve par plusieurs décennies) n'en est que plus remarquable : c'est vraiment le recordman du 100 mètres onirique.

Un exemple inverse est fourni par un effroi *éveillé* (sur le même sujet) qui va jusqu'à causer la mort. C'est un cas étudié par un médecin anglais, le docteur Burnton, et qui peut rivaliser avec les tourments infligés à l'élève Toerless, à cette différence près que la victime est un pion. Les étudiants d'un collège qui le haïssaient – si l'on en croit Orwell on a de multiples raisons de haïr dans un collège anglais – décidèrent un jour de lui donner une leçon. Et comme ils avaient l'imagination fertile et cruelle des petits prisonniers des pensionnats, la leçon en question est effrayante.

Ils préparent un billot et une hache dans une pièce sombre, s'emparent du malheureux, le jugent, revêtus de robes noires, et le condamnent à mort avec exécution immédiate (on se croirait chez Al-Qaïda). Le tuteur, qui pense d'abord avoir affaire à des plaisantins, doit alors s'agenouiller devant le billot – ce qui commence à l'inquiéter – puis on lui attache les mains derrière le dos et on lui bande les yeux. Enfin, tandis qu'un étudiant imite le sifflement de la hache, un autre laisse tomber une serviette mouillée sur son cou. La punition étant terminée, on détache le bandeau, mais le pion est mort.

Si l'on suit la ligne générale des explications freudiennes, le cas du rêve de Maury est moins aisé à comprendre comme satisfaction d'un désir inconscient que celui de Supervielle, qui jalouse Mallarmé. Le problème en effet n'est pas celui du cauchemar mais de la relation temporelle entre la chute brutale du montant du lit, qui justifie tous les rêves de guillotine imaginables, et la longue histoire qui se déroule dans la tête du rêveur. Les théories sur la décapitation et la crainte de la castration paraissent secondaires.

Quant à l'histoire du médecin anglais, où de jeunes bourreaux « pour jouer » deviennent de vrais assassins et où la mort du pion est provoquée par un processus psychique sans qu'aucune arme soit utilisée, il serait bon d'y prêter attention. Elle témoigne de la force des émotions mais aussi de l'impérieuse nécessité de prendre au sérieux les distractions perverses d'adolescents ou même de jeunes enfants : les cauchemars éveillés peuvent tuer.

Comme on l'a indiqué plus haut, Freud a rencontré des difficultés à appliquer ses thèses aux rêves de certains de ses patients ou disciples. Jung souligne dans ses Mémoires que lors du voyage des deux hommes aux Etats-

Unis en 1909, ils avaient coutume de procéder à des analyses réciproques de leurs rêves, et que Freud (discret sur ses propres rêves) n'arrivait souvent pas à déchiffrer les siens. Ce fut le cas en particulier du célèbre rêve de la maison à plusieurs étages dont chacun a un style différent, correspondant à une époque de plus en plus ancienne au fur et à mesure que le rêveur descend vers la cave où l'attendent une grotte rocheuse, des ossements, des débris de vases et des crânes décomposés, auxquels manquait la mâchoire inférieure. On pouvait comprendre qu'il s'agissait de morts violentes.

Quand il raconte ce rêve à Freud, celui-ci ne s'intéresse qu'aux crânes et demande à Jung de qui il désire la mort, alors que ce dernier comprend assez vite que la maison est une image des différentes strates de son psychisme : les restes d'une âme primitive se trouvent encore dans la grotte. A la décharge de Freud, attaché au rationalisme et à la méthode psychanalytique qu'il a créée, ses difficultés avec le jeune disciple se comprennent, si l'on se souvient d'un texte où Jung écrit – sept ans plus tard, en 1916 – que sa maison est remplie de fantômes : « La maison entière était comme emplie par une foule, elle était comme pleine d'esprits ! Ils se tenaient partout, jusque dessous la porte, et on avait le sentiment de pouvoir à peine respirer. » Ce n'est pas l'univers de Freud. Avec de telles expériences, et indépendamment de la question d'autorité, capitale pour le père Sigmund, la rupture était garantie.

Comme en témoigne *Le Livre Rouge*, publié en décembre 2009 après avoir passé des décennies dans un coffre à Zürich, Jung s'est engagé dans une voie dangereuse, en abattant le mur séparant le moi rationnel et la psyché profonde sans avoir recours à une méthode particulière pour lui servir de guide. Il a tout fait pour empêcher le moi de s'opposer au message de l'inconscient, mais comme la nature impérialiste de ce dernier le conduit à tenter d'envahir tout l'appareil psychique, le résultat est un voyage intérieur homérique, où les monstres et les morts côtoient les vivants, et dont il n'est pas garanti que l'on puisse revenir.

L'Interprétation des Rêves a été publié en 1899, un an avant l'ouverture du XXe siècle. Le sujet y était présenté non comme l'être rationnel et actif des Lumières, mais comme un individu qui dort, animé par un ensemble complexe de motivations. Tous les stimuli viennent de l'intérieur. Derrière la pensée accessible à la conscience, se trouve le champ infini de l'inconscient. De fait, le siècle qui s'ouvre alors ressemble à bien des égards à un cauchemar éveillé où les crimes commis paraissent d'autant plus inexplicables qu'ils sont des crimes de l'inconscient. Les analyses psychiatriques de la Seconde Guerre mondiale contiennent des propos convaincants sur « l'amour de la haine » dont elle témoigne, une expression qui n'aurait été rejetée ni par le père de la psychanalyse, ni par Carl Jung.

La découverte que les plus hautes comme les plus basses pulsions humaines étaient enracinées dans l'inconscient est une partie troublante de l'héritage de Freud. Les instincts obscurs, qui recherchent eux aussi satisfaction, peuvent être canalisés vers des objectifs élevés. Inversement, les réalisations les plus remarquables de l'esprit humain ont une certaine relation avec des facteurs connus de la vie pathologique : les hystériques sont des poètes, les obsessionnels se sont créé une religion privée, les paranoïaques peuvent devenir philosophes. Personne n'est condamné à être victime de sa préhistoire, à condition de la reconnaître et de la surmonter. En revanche, l'incompréhension des images de l'inconscient confère à la plupart des existences un caractère fragmentaire et une menace pour le moi.

L'apport de Jung a consisté à écarter la théorie psychanalytique pour amener les patients à comprendre les images qui se présentaient à eux en se servant de la mythologie (le principal reproche qui lui est adressé est de ne pas avoir formalisé sa théorie, contrairement à Freud). Ce faisant, il a montré que les rêves permettaient non seulement la création d'idées nouvelles grâce à la liberté qui est donnée à l'esprit de vagabonder sans contrôle, comme l'enfant le fait en lisant des contes, mais qu'ils pouvaient avoir un lien étroit – y compris des liens prédictifs, ce que Freud n'a jamais accepté – avec des événements collectifs.

En octobre 1913, il eut la vision de l'Europe du Nord submergée par une gigantesque inondation qui charriait des cadavres ; puis en avril, mai et juin 1914, par trois fois, il rêve qu'au beau milieu de l'été, un froid arctique fait irruption et que la terre est pétrifiée par le gel. Une fois, il vit toute la Lorraine gelée avec ses canaux ; plus aucune végétation vivante ne subsistait. Lors du troisième rêve, il évoque

« un froid monstrueux qui semblait venir des espaces intersidéraux ».

Le 1ᵉʳ août, la guerre éclate et Jung a souvent au début du conflit, alors qu'il est éveillé, l'impression que des blocs gigantesques se précipitaient sur lui « avec un fracas de tonnerre succédant sans trêve au fracas précédent », que des tempêtes se déchaînaient, que de la lave en fusion se précipitait sur lui. La vie onirique avait envahi la vie diurne pour de bon. Il se peut qu'il ait été guetté par une psychose : il devait parfois tenir une table des deux mains pour ne pas, écrit-il, éclater en morceaux. Il se peut aussi que la terrible ouverture du XXᵉ siècle ait favorisé l'apparition de graves troubles mentaux, avec un effet de miroir d'autant plus déstabilisant qu'en explorant ses propres ténèbres, il a découvert l'existence d'un inconscient collectif, dont la guerre traduisait l'explosion, et la destruction de tout ce que la conscience avait péniblement élaboré.

Dans ses Mémoires, Jung précise qu'il a fallu attendre la fin de la Première Guerre mondiale pour qu'il sorte de l'obscurité où il était plongé. Mais cette sortie ne put se faire que progressivement. Plus tard, en 1936,

Jung écrit *Wotan*, un texte prophétique sur l'inconscient allemand, œuvre qui finit par être condamnée en Allemagne et par figurer sur la liste « Otto » des ouvrages interdits en France par les autorités allemandes.

L'apparition de la psychanalyse est liée à la dissolution de la religion comme le romantisme apparaît en réaction à la période des Lumières. Contrairement à Freud, qui voit dans la religion un phénomène névrotique permettant de contenir l'angoisse des croyants, Jung pense qu'il s'agit d'une illusion dont l'importance pour le psychisme est attestée par l'universalité de ses manifestations (il a travaillé sur les grandes mythologies, le Livre des Morts tibétain, et le Yi-King chinois). Selon lui, le problème de Freud est de nature religieuse, et relève de son incapacité à se libérer du père terrible de la Torah, à l'origine d'un surmoi destructeur : « La psychologie de l'inconscient fut introduite par Freud grâce aux thèmes gnostiques classiques de la sexualité et de l'autorité paternelle nocive. Le thème de Yahvé créateur et gnostique ressurgissait dans le mythe freudien du père originel et dans le surmoi, plein d'obscurité, provenant de ce père. »

Freud n'aurait jamais liquidé le complexe

paternel, origine selon Jung de son pessimisme et de sa tristesse : « Il lui fallait toujours tout considérer sous un angle négatif… Pour lui, le monde ne pouvait continuer à exister qu'à condition d'être négatif. » Ce pessimisme, très présent dans les écrits freudiens (quel autre choix était alors disponible pour un juif viennois ?), laisserait l'humanité abandonnée à la colère et la douleur sans possibilité de renaissance, comme Freud lui-même, dont la vie se termine de façon tragique.

La vérité est que si Jung a ouvert le champ des investigations psychiques à l'ensemble des grandes mythologies, il n'a pas livré une pensée beaucoup plus optimiste. Et quand il pose la question : si l'homme contemporain ne vit plus dans le mythe chrétien, ce qui est une évidence, quel est le mythe dans lequel il vit ? Il ne trouve rien à dire : « Je me sentis alors de moins en moins à l'aise et je m'arrêtai de penser ; j'avais atteint une limite. » Il avait l'impression en affrontant cette question « d'être tombé dans un gouffre immense ».

Nous n'avons toujours pas de réponse à cette question, mais le besoin de mythes semble nous avoir quittés, comme l'angoisse de Jung devant le gouffre.

4

Voyants et Prophètes

L'apparition de voyants est fréquente dans la littérature grecque. Au livre XX de l'*Odyssée*, Théoclymène prédit à Télémaque, puis à Pénélope, le retour d'Ulysse et la punition des prétendants en interprétant un oracle d'Apollon. Platon évoque cet épisode avec une étrange pitié pour ces malotrus dans *Ion*: « Infortunés, quel mal vous arrive? La nuit/ vous couvre, de la tête et de la face aux pieds,/ et une plainte éclate et vos joues sont en larmes ;/de fantômes le porche est plein, la cour est pleine ;/ils s'en vont vers l'Erèbe et l'ombre ; le soleil/a disparu du ciel, sous la brume sinistre. » Les prétendants, toujours frivoles, se moquent de Théoclymène. Et l'on entend bientôt leurs plaintes dans la brume sinistre. La leçon est claire : il vaut mieux prêter l'oreille à ceux qui savent de quoi il retournera dans l'avenir. Si l'on veut du moins éviter d'être confronté à des surprises – le plus souvent désagréables.

Cassandre, fille de Priam et d'Hécube, est, comme Théoclymène, célèbre pour sa voyance – à cela près qu'elle n'a jamais annoncé à personne une seule bonne nouvelle comme le retour d'un père chéri. Ce don lui a été accordé dans un temple d'Apollon alors qu'elle avait été oubliée toute une nuit par ses parents avec son frère Hélénos. Selon une autre légende, c'est le dieu en personne, tombé amoureux de Cassandre, qui lui promet qu'elle connaîtra l'avenir si elle se donne à lui. Ceux qui croient qu'Apollon n'avait qu'à claquer des doigts pour obtenir celles qu'il voulait se trompent : les dieux, y compris le bel Apollon, célèbre pour ses dons de séduction, ne font pas toujours ce qu'ils veulent.

Cassandre, se croyant plus rusée que le dieu, erreur toujours fatale, accepte le don de prophétie mais refuse l'autre partie du marché. D'où le sort épouvantable qui est le sien : connaître l'avenir sans pouvoir en convaincre quiconque. Elle prédit les deux événements les plus importants de l'*Iliade* : le beau Pâris causera la ruine de la cité et le cheval de bois abandonné par les Grecs sur la plage est rempli de guerriers en armes. Son principal allié sur ce dernier sujet est un devin, Laocoon, qui sera dévoré avec ses fils par des serpents envoyés par Apollon (lui-même dieu de la prophétie et protecteur en principe de la ville de Troie).

La pauvre Cassandre, plus tard livrée à Agamemnon lors du partage du butin, finira assassinée par Clytemnestre. Le récit en est fait à Ulysse dans l'*Odyssée* par Agamemnon en personne dans l'Hadès : « Ce n'est pas sous les coups d'ennemis, au rivage, que je trouvai la mort. Mais, au manoir d'Egisthe, où je fus invité, c'est lui qui me tua et ma maudite femme ! Ils ont, autour de moi, égorgé tous mes gens… Et ce que j'entendis de plus atroce, c'est le cri de Cassandre, la fille de Priam, qu'égorgeait sur mon corps la fourbe Clytemnestre. » Quand on pense à l'épisode de Chryséis et de Briséis au début de l'*Iliade*, qui aurait dû servir de leçon au roi de Mycènes, les dieux lui fournissant ainsi un avertissement sur les conséquences de sa faiblesse pour les femmes, on a plus de mal à le plaindre en lisant Eschyle.

Dans le monde grec, certains personnages

bénéficient du don de voyance de façon éphémère. C'est le cas d'Œdipe dans la tragédie de Sophocle. Après avoir demandé où il pourra trouver « l'épouse qui n'est pas son épouse », il est conduit par un *daimôn* au lieu où le cadavre de Jocaste l'attend. Le messager qui raconte la scène précise qu'il fut conduit par un dieu : « Comme mené par un guide, le voilà qui se précipite sur les deux vantaux de la porte, fait fléchir le verrou qui saute de la gâche, se rue enfin au milieu de la pièce… La femme est pendue ! » Il a pendant quelques instants une clairvoyance surnaturelle, lui qui a aveuglément tué son père et épousé sa mère, et qui se crèvera les yeux peu après. Puis il quittera la ville avec sa fille Antigone pour gagner Colone, où un oracle lui a prédit qu'il mourrait et où Thésée le protégera.

Dans la littérature moderne, la voyance et la prophétie conservent leur puissance, notamment dans la littérature russe. Dans *La Dame de Pique,* Hermann (un personnage qui a, selon Pouchkine, l'âme de Méphistophélès) tue inutilement la vieille comtesse pour lui arracher son secret – elle ne parle pas – mais sa victime lui apparaît une nuit dans un linceul blanc et lui donne les trois cartes gagnantes, le trois, le sept et l'as. Il gagne les deux premières fois avec le trois et le sept et se trompe la troisième, confondant l'as avec la dame de pique. Il y a peut-être dans cette histoire une subtile leçon de Pouchkine adressée aux Allemands, compte tenu du nom du joueur (Hermann) : si l'on veut jouer avec le destin, il ne faut pas chercher à le mettre en algorithmes, sinon on finit toujours par commettre une erreur fatale.

Dostoïevski et Blok excellent dans le genre prophétique. C'est à Dostoïevski que l'on doit l'avertissement : « Bientôt, au lieu de vin, il s'enivreront de sang », et à Alexandre Blok le poème « Les Douze » écrit au début de la révolution russe. La prophétie prend parfois une forme plus masquée, comme dans ce texte de Franz Kafka sur le monde juif qui disparaît à Prague : « Nous ne sommes nous-mêmes qu'un spectre de temps révolus. » Et Joseph Conrad, dans *L'Agent Secret*, donne une image effrayante du terroriste contemporain et de sa perversité aveugle : c'est un enfant affligé de retard mental qui explose à Londres avec la bombe qui lui a été confiée par l'amant de sa sœur, un terroriste aux ordres de Moscou.

Avant d'être un élément littéraire, la prophétie est d'essence religieuse. Et par rapport au monde grec, elle prend une tout autre dimension dans la Bible, où les livres prophétiques, situés à la fin de l'Ancien Testament, annoncent le passage à un nouvel ordre du monde. Les prophètes, grands (Isaïe, Jérémie, Ezéchiel et Daniel – auquel il faut ajouter Elie dans le Livre des Rois) ou petits (Osée, Joël, Amos, Abdias, Jonas, Michée, Nahum, Habaquq, Sophonie, Aggée, Zacharie et Malachie), sont le plus souvent bien malgré eux des prophètes de malheur. Ils annoncent la colère de Dieu, la destruction des villes, l'envahissement du pays par les épines et les ronces, et toutes sortes de désagréments.

Ecoutez seulement. Ezéchiel : « C'est l'épée au-dehors, la peste et la famine au-dedans » ; Isaïe : « Yahvé s'est irrité contre toutes les nations, il s'est courroucé contre toutes leurs armées, il les a vouées à la destruction, livrées au carnage. Leurs égorgés sont jetés à la rue, la puanteur de leurs cadavres se répand, les montagnes ruissellent de sang » ; Daniel à Balthazar (une scène qui inspire un tableau célèbre de Rembrandt) : « *Mené :* Dieu a mesuré ton royaume et l'a livré ; *Teqel :* Tu as été pesé dans la balance et ton poids se trouve en défaut ; *Parsîn :* ton royaume a été divisé et donné aux Mèdes et aux Perses » ; Jérémie : « Ce jour-là est au Seigneur Yahvé, jour de vengeance, pour se venger de ses ennemis : son épée va dévorer, tout son soûl, elle s'enivrera de sang. » Ce sont des passages comme ceux-là qui ont conduit Rome à déconseiller la lecture de l'Ancien Testament, qui présentait selon elle un Dieu trop violent. Ce sont les faux prophètes qui annoncent des victoires, par exemple les quatre cents prophètes du premier livre des Rois, tandis que les vrais prophètes, comme Michée, prédisent la défaite.

La colère divine, grand thème prophétique, a trois causes principales, toujours les mêmes : l'infidélité du peuple élu, la vengeance infligée par Dieu aux ennemis de ce peuple, et le sacrilège, comme celui de Balthazar, qui donne une fête en utilisant les vases d'or et d'argent provenant du Temple de Jérusalem. Si l'on en croit Jérémie cette colère a un dessein : « La colère de Yahvé ne se détournera pas qu'il n'ait accompli et réalisé le dessein de son cœur. Dans l'avenir vous comprendrez cela. » Quel est ce dessein ?

Il arrive aux prophètes de recevoir des instructions difficiles à transmettre sans se faire tuer par les récipiendaires, mais aussi franchement cryptiques, voire incompréhensibles, comme celle que donne Yahvé à Isaïe, lors de l'annonce de sa vocation prophétique : « Va, et dis à ce peuple : Ecoutez de toutes vos oreilles sans comprendre, voyez de vos yeux sans apercevoir. Appesantis le cœur de ce peuple, rends-le dur d'oreille, bouche-lui les yeux, de peur que ses yeux ne voient, que ses oreilles n'entendent, que son cœur ne comprenne, qu'il ne se convertisse et ne soit guéri. » Cette mission divine est dure à entendre, pour ne rien dire de la mise en œuvre.

Les prophètes annoncent la colère, la vengeance, la guerre et la dévastation, mais ils annoncent aussi la paix, l'arrivée d'un Messie issu de la souche de Jessé et de la dynastie davidique, l'épiphanie qu'il doit amener avec lui : « Le peuple qui marchait dans les ténèbres a vu une grande lumière ; sur les habitants du sombre pays, une lumière a resplendi. » Le dernier prophète est Jean-Baptiste, prêchant dans le désert, une expression qui vaut pour tous les prophètes, mais particulièrement pour celui-là. Car dans la tradition chrétienne, c'est l'appel à la conversion.

Dans le judaïsme, la prophétie messianique, qui annonce la venue du rédempteur à la fin des temps, exprime une aspiration tragique à l'impossible. Le messianisme a d'ailleurs acquis sa signification à mesure que s'aggravait la condition des Juifs sous la domination romaine. Le succès de cette idée est lié à l'expérience de l'échec. Les visions des prophètes surgissent au moment de catastrophes nationales : Isaïe prophétise lors de la destruction d'Israël par les Assyriens, Jérémie et Ezéchiel à partir de l'écroulement du royaume de Juda et de l'exil babylonien. Plus tard ce sera la destruction du deuxième Temple par les Romains qui constituera le fonds des textes prophétiques. Gershom Scholem est convaincant sur ce sujet. Le bouleversement radical tant attendu ne se produira qu'à la fin des temps.

Ce qui a fait dire à Pascal que les Juifs, si doués pour la prophétie, l'étaient bien peu pour la réalisation. Leur don pour la prophétie est celui d'un peuple obsédé par l'histoire et la promesse divine : plus leur condition s'aggrave, plus la promesse doit être remémorée. Dans cette version du messianisme la réalisation est une négation de l'attente. Est-ce à dire qu'il y a dans le judaïsme une hostilité à l'idée de rédemption ? Non, car la rédemption se présentera comme un événement historique, mais le judaïsme est inséparable d'une aspiration à l'impossible et d'une tendance à considérer que tout est toujours « à venir ».

Sans évoquer le messianisme, Freud donne à la difficulté de se réconcilier avec la réalisation une interprétation psychologique à caractère universel : « Il n'est nullement inhabituel que le moi tolère un désir comme inoffensif aussi longtemps que celui-ci mène une existence de fantasme et semble loin de l'accomplissement tandis qu'il se défend âprement de lui dès qu'il se rapproche de l'accomplissement et menace de devenir réalité. » La crainte de la réalisation vécue comme une menace n'est propre à aucune culture. Les Juifs poussent seulement cette crainte plus loin que beaucoup d'autres.

Traiter l'ensemble de l'histoire – révolutions comprises – comme une vaste répétition, c'est refuser l'avènement de quelque chose de radicalement nouveau. La psychanalyse voit dans cette attitude un blocage pathologique qui compromet la guérison. Celle-ci permet en effet l'accès à une nouvelle vie dont il faut accepter les bouleversements. Beaucoup préfèrent poursuivre la répétition et la névrose.

Sur le plan historique, on ne peut lire l'avenir sans conserver la mémoire du passé. Or, de toutes les facultés humaines, la mémoire est la plus ruinée par la chute. C'est ce qu'affirmait déjà Platon, et c'est un point sur lequel on peut trouver des échos dans des textes modernes, chez Léon Bloy par exemple, qui avait lui-même quelques talents pour la prophétie : « Une preuve bien certaine de l'infirmité de notre mémoire, c'est notre ignorance de l'avenir. »

Ecrasée comme entre deux murs, un passé qui n'est plus vécu comme propre et un avenir plein de menaces, l'humanité manque d'espace et d'air pur en un sens qui devrait être traité par un autre type de sommet que celui du changement climatique.

5

Les crimes d'Elseneur

Hamlet s'ouvre sur une scène nocturne, en hiver. Le prince vient de rentrer de Wittemberg, haut lieu de la théologie luthérienne, pour enterrer son père à Elseneur, et les portes de l'enfer se referment sur lui. La pièce se termine à l'aube, avec l'arrivée d'une nouvelle dynastie sur le trône du Danemark. Entre-temps, le monde nocturne envahit progressivement la scène avec une longue série de morts violentes : Polonius, Ophélie, Laërte, Rosencrantz et Guildenstern (ces deux-là, on n'arrive jamais à les séparer, même dans la mort), Gertrude, Claudius, Hamlet enfin.

Cinq meurtres, dont un homicide involontaire (Gertrude), deux morts en duel par empoisonnement (Laërte et Hamlet), et un suicide (Ophélie). A la fin de la pièce, il ne reste guère qu'Horatio et le prince Fortinbras, qui arrive au son des tambours, évoquant les trompettes qui avaient annoncé l'entrée du roi Claudius à l'ouverture. Tout ce carnage alors qu'une seule vengeance est requise par le fantôme, celle qui vise son meurtrier, l'usurpateur du lit conjugal et celui du trône : Claudius.

A l'exception de celles de Gertrude et de Laërte, victimes de Claudius, et de la sienne propre, ces morts sont toutes l'œuvre du héros, dont la célèbre mélancolie contrarie les projets et retarde les actes, mais encourage aussi une folie meurtrière. Avant d'être un rêveur qui se promène en philosophant, Hamlet est un être dangereux, obsédé par la mort et la destruction, et prêt à accélérer le processus si nécessaire. Il est possédé par l'esprit de négation et il hait ce qu'il aime. C'est un meurtrier en série, terrifié par la mort, où il ne voit qu'une prolongation de son cauchemar, mais qui déteste tout ce qui est vivant. Pour lui, seuls les vers du cimetière expriment la vérité de la vie. On a raison de le surveiller puis de tenter de l'éloigner. Claudius est une crapule, mais il est très humain. Hamlet est inhumain.

Certes, il a des excuses, à commencer par un environnement difficile : l'air vicié du

Danemark. Cet air a contaminé pour lui tout l'univers physique. Il a le dégoût des corps, dont il perçoit la pourriture (d'où sa familiarité avec les crânes). Il déteste son absence de passion, qui le prive, malgré sa jeunesse, de tout but dans l'existence. Même le meurtre de Claudius peut difficilement être présenté comme un but, car il ne lui rendra ni l'honneur de sa mère ni la capacité d'aimer. Sa maladie est une maladie de l'âme, qui ne peut être expliquée par la « trahison » d'Ophélie, l'impureté de sa mère ou le meurtre de son père. Et la pollution remonte plus loin dans le temps que le meurtre du roi Hamlet, père du prince, qui, avant d'être assassiné par son frère, a lui-même tué le roi de Norvège, Fortinbras, dont le fils obtiendra justice. Dans toute la pièce, il est question de la Norvège, comme s'il s'agissait, plutôt que d'un thème secondaire, d'une des clefs de la tragédie.

Quand le fantôme apparaît sur les remparts, c'est vêtu de l'armure qu'il portait au moment du combat avec le Norvégien. Il se trouve au Purgatoire, car il a été tué en état de péché, alors qu'il dormait (une des raisons pour lesquelles Hamlet ne veut pas tuer Claudius quand il prie). Tout indique, et notamment les flammes dans lesquelles il dit passer ses jours, que ce péché est un meurtre. Certes, Claudius a pris possession du trône et de la reine à la faveur d'un effroyable assassinat qui évoque le meurtre primitif de Caïn, mais la victime n'est pas blanc-bleu. Quand le fantôme apparaît sur les remparts, c'est une image de la mort et d'un monde corrompu jusque dans l'au-delà qui envahit progressivement la scène. Certains ont même parlé de lui comme d'un ambassadeur de la mort.

Jusqu'où remonte le crime ? La question des générations criminelles est centrale à Elseneur. Le fantôme souligne la dimension surnaturelle de l'histoire. Comme dans *Œdipe Roi*, où le héros est, lui, prévenu par le Sphinx, les catastrophes se poursuivront aussi longtemps qu'il n'y aura pas eu réparation d'un grave désordre moral. Engendré par les crimes de la génération précédente, ils doivent aussi être payés par les enfants. Dans le monde antique, même un dieu ne peut rompre l'obligation d'acquitter cette dette qui relève de la *Moïra*. Shakespeare fait naître Hamlet le jour de la victoire de son père sur le roi de Norvège. C'est seulement avec la mort d'Hamlet et l'arrivée du fils de Fortinbras que l'ordre sera restauré et la paix retrouvée au Danemark. La succession du trône en sa faveur est le testament (la « *dying voice* ») d'Hamlet, au moment où les tambours annoncent l'arrivée du jeune homme et celle d'une autre lignée.

Shakespeare se situe dans la tradition des tragiques grecs, dont un des grands thèmes est le bouleversement (parfois à l'insu du héros, comme chez Œdipe encore) d'un ordre moral qui doit être préservé en vertu de lois non écrites, *et restauré s'il a été violé* – par la génération des enfants si nécessaire (les enfants d'Œdipe en sont un exemple, ainsi que la malheureuse progéniture d'Agamemnon et de Clytemnestre, dont la famille a un vieux penchant pour l'adultère et le meurtre). Une des questions d'Eschyle porte sur la possibilité de lever une malédiction héréditaire. C'est le rôle de la *catharsis*. Mais quand la haine s'est déchaînée, il est très difficile de réparer le dommage. Ce qui explique le carnage dont il a été question. Hamlet est à la fois la victime du crime, le criminel et l'agent du renouveau.

Quels sont les choix des enfants avec de tels fardeaux ? (« Que devons-nous faire ? » demande Hamlet sur les remparts.) Comment peuvent-ils vivre ? Ce sont les questions du prince dans ses monologues. Chez les Grecs, les crimes commis contre les parents ont un caractère si monstrueux que les puissances infernales sont parfois obligées de prendre les choses en main. Mais les crimes qui pèsent sur les générations futures doivent être expiés par celles-ci. Fortinbras entrant à la fin de la pièce dans la salle remplie de cadavres demande avec tristesse : pourquoi la mort a-t-elle frappé tous ces jeunes gens ?

Hamlet, qui a « l'âme prophétique », connaît d'avance la fin de l'histoire. Il a aussi la mémoire capricieuse, agitée et encombrée du mélancolique. Une fois lancée, cette mémoire ne peut pas davantage être rappelée que la flèche de l'archer. La mort puis le retour du père sur les remparts, fantôme en armes bouleversant (« Hélas, pauvre fantôme »), est le signe du départ de la flèche. Il réveille tous les doutes de son fils, dont l'esprit s'engage dans une course éperdue où chaque idée est associée à la suivante, comme dans la paranoïa, dont il offre d'ailleurs une illustration convaincante. Hamlet raisonne trop. Il ne fait même que cela, raisonner, vidant ainsi le monde de sa substance.

Le fantôme exprime aussi la terrible menace

– meurtres, guerres et destruction – qui pèse sur les plus jeunes, en dépit de leur innocence. Quand il arrive en armes, Horatio, malgré son esprit sceptique, comprend tout de suite que son retour annonce de grandes violences (« Ceci annonce à notre Etat d'étranges désordres »). Il y a de quoi avoir mal au cœur, comme le dit Francisco au début de la tragédie, surtout si on compare ce retour avec celui d'Ulysse, attendu par Télémaque, qui ne cesse d'espérer le retour de son père et qui finit par le retrouver, vivant et victorieux. Pourtant, l'air est aussi vicié à Ithaque et il faudra y faire un ménage conséquent, mais Ulysse a fait un long voyage initiatique, la guerre est finie, et sur l'île, Pénélope a résisté aux prétendants. Quant à Télémaque, digne fils de Pénélope, c'est un fidèle qui peut être fier de ses parents.

Hamlet aime tant sa mère que son adultère ferme aussitôt la porte au seul sentiment qui aurait pu le sauver de l'oppression et du désespoir : l'amour d'Ophélie. Il adore aussi son père. Mais il le voit revenir dans une nuit glacée, triste à mourir, et contraint de le quitter à l'aube parce qu'il passe ses jours dans les flammes du Purgatoire. Si bien qu'il s'interroge sur les raisons du retour (« Que peut signifier votre retour d'entre les morts, vous qui nous rendez visite couvert de votre armure sous la lumière fugitive de la lune ») et sur la vraie nature du fantôme. S'il s'agissait d'un esprit malin qui avait pris l'apparence de son père pour le damner ? (« L'esprit que j'ai vu peut être le démon, qui a le pouvoir de prendre une forme séduisante pour me tromper et me damner en profitant de ma faiblesse et de ma mélancolie. »)

L'idée est présente chez les Grecs : certains hommes vertueux sont intentionnellement trompés par un esprit mauvais qui les pousse vers la perdition. Si les tentatives de Hamlet pour avoir le cœur net sont nombreuses, la raison en est simple : il a ce doute qui le rend fou. Le plus célèbre de ses tests est la pièce jouée par les acteurs – et revue par Hamlet – transformé pour l'occasion en metteur en scène (un des rares moments de joie du héros, qui est un homme de lettres plus que de pouvoir et qui trouve une forme de liberté dans la création théâtrale). C'est une façon de révéler au grand jour la conscience de Claudius et donc de vérifier la révélation du fantôme.

Quel est ce père qui vient demander à son fils de commettre un assassinat pour venger le sien ? Pourquoi ne s'en remet-il pas à la justice divine, surtout s'il a lui-même commis un meurtre (justice divine à laquelle il demande à Hamlet d'abandonner la reine : « Abandonne-la au ciel ») ? Il ne peut ignorer qu'il va détruire Hamlet, le pousser vers l'amertume, le cynisme, le meurtre et la folie. Pourquoi lui tient-il des propos dont il dit lui-même qu'ils peuvent « glacer son jeune sang », « faire sortir ses yeux de leurs orbites » et « dresser chacun de ses cheveux sur sa tête » ?

Il y a aussi chez ce héros une culpabilité propre, bien comprise de Freud, dont le flair est infaillible. Hamlet est tenté par la transgression comme le montre très tôt la scène où, après l'entretien sur la muraille, il s'adresse à son père (alors dans l'au-delà) en termes irrévérencieux qui forment un contraste saisissant avec la douleur précédente. Il a peut-être souhaité sa mort. Comme dans *Les Frères Karamazov*, le poids de la culpabilité repose non sur le criminel en chair et en os (Smerdiakov), mais sur les criminels *moraux* : Ivan qui a suggéré l'idée du meurtre à Smerdiakov, Dimitri qui aurait pu le tuer, et Aliocha qui laisse la catastrophe se produire, illustrant ainsi une phrase d'Edmund Burke :

« Pour que le mal triomphe… il suffit que les hommes de bien ne fassent rien. »

Le premier dialogue qui a lieu sur les remparts contient une remarque de Francisco, qui donne au froid de l'hiver danois une dimension psychique : « Il fait un froid terrible, et j'ai le cœur malade. » C'est un autre trait commun avec Dostoïevski, qui ne s'intéresse à la description de la nature que pour suggérer un état d'esprit. Quand Ivan va chez Smerdiakov, « un vent âpre et sec s'éleva, qui fut bientôt une vraie tempête », et dans *Les Possédés*, Nicolas Stravoguine, le plus souvent dans « une nuit noire », part « dans les ténèbres ». Shakespeare fait un usage symbolique comparable de la nature que l'on retrouvera dans *Lear*.

Le froid du cœur, la difficulté d'éprouver des émotions, la paralysie de la volonté qui en résulte, recèle l'énigme du Prince. Une blessure précoce l'a soumis à l'influence dilatoire de Saturne, le seigneur de la mélancolie. Sa force est toute statique : une capacité démoniaque de négation. Il est possédé par un instinct de mort et une volonté d'annihilation, peut-être liée au sentiment d'une faute commise en pensée, au poids d'un crime accompli par un père qui porte le même nom que lui, ou d'une anticipation de crimes à venir, bien réels, dont le lien avec la faute *mentale* n'est pas connue de son moi.

Nous sommes bien en plein hiver, et il gèle : c'est l'image d'un monde diabolique. Hamlet en est si conscient qu'il demande la protection des anges lors de l'apparition du fantôme et qu'une de ses premières réflexions après sa rencontre avec le fantôme est le doute effroyable déjà évoqué : « L'esprit que j'ai vu peut être le démon. » La tentation du meurtre, qu'il connaît avant la rencontre avec son père (il hait Claudius et le soupçonne de toutes les vilenies – dont ce dernier est d'ailleurs coupable), est présentée comme un devoir filial, mais Hamlet craint pour sa santé mentale et surtout pour son salut (« Dois-je m'associer à l'enfer ? »). C'est aussi le cas de son seul ami, Horatio, qui a, lui, bien les pieds sur terre : (« Que les cieux le protègent »). On oublie trop souvent qu'Hamlet est un étudiant en théologie. Avant de succomber à la tentation de tuer, il hésite.

Les hésitations du Prince traduisent une atrophie spirituelle qui est celle du mélancolique. Un processus de suicide continu est à l'œuvre en lui, un besoin d'annihilation, et

même une volonté de damnation par le crime :
« Et que cette âme soit aussi noire et damnée
que l'enfer, où elle se rendra… ». Les désarrois
psychologiques de Hamlet font l'objet de plus
de commentaires qu'un autre aspect de la
pièce, dont ils ne sont que le reflet : la façon
dont le royaume du Danemark incarne celui
du mal, l'enracinement dans le crime, et la
difficulté de distinguer le diabolique du divin,
comme le bon père du mauvais père en la personne du fantôme.

Un dramaturge contemporain, Michael
Frayn, a tout misé sur ce thème. Dans sa pièce
Copenhague, Bohr, sa femme Marguerite et
Heisenberg essaient de reconstruire – sans y
parvenir – la scène de leur rencontre de septembre 1941 où la bombe atomique a été évoquée entre les deux savants. Elseneur est
mentionnée à plusieurs reprises comme un
endroit maudit. Heisenberg dit à Bohr :
« Nous sommes allés à Elseneur. Je pense
souvent à ce que vous avez dit là… toute
l'apparence d'Elseneur, avez-vous dit, était
bouleversée par votre connaissance du fait
qu'Hamlet y avait vécu. Chacun de ses
sombres recoins évoque la noirceur de l'âme
humaine. » C'est là que les deux hommes ont

eu leur scène d'incompréhension mutuelle, Bohr croyant que Heisenberg lui avouait que les Allemands travaillaient à la bombe atomique ou qu'il voulait savoir ce que les Alliés recherchaient de leur côté, Heisenberg cherchant de son côté à interroger Bohr, qu'il révère comme un père, sur la responsabilité morale des scientifiques.

Quand Hamlet revient de Wittemberg au début de la pièce, il n'en rapporte pas la grâce et la vie, mais la destruction et la mort. À la fin de la pièce, quand il meurt, il est comme apaisé. Sa tâche l'a détruit mais elle est accomplie. Surtout son désir de mort a été satisfait (car son tourment était de ne pouvoir mourir, non de ne pouvoir tuer Claudius), comme son désir de perdre la raison. Sur le point de mourir, il est à nouveau en pleine possession de ses moyens, libéré d'un moi auquel il était littéralement cloué. Et lorsqu'il quitte la prison de son existence mentale, sa mort a un effet cathartique sur le royaume du Danemark.

Le héros préféré de Shakespeare est aussi le plus universel de ses personnages. Il nous parle de la dissémination insidieuse de la corruption, mais aussi d'une renaissance possible.

Hanté par l'ambiguïté du ciel et de l'enfer dès sa rencontre avec le fantôme, Hamlet semble avoir dominé cette pensée au moment de sa mort. Il va rejoindre son père dans l'au-delà, et se réconcilier avec lui après avoir douté de l'origine de l'ombre casquée qui lui est apparue sur les remparts.

Dans les relations du roi mort et de son fils, qui portent le même nom, James Joyce a vu tous les paradoxes de la Trinité. Ce thème revient à plusieurs reprises dans *Ulysse* au cours des conversations entre Stephen Dedalus et Bloom, à la fois père et fils symboliques et une seule et même personne à différents âges de la vie. Il ne s'attarde guère sur l'autre dimension, éminemment obscure, qui hante les plus grandes pièces de Shakespeare – le problème du mal, que l'on peut présenter comme une explication de la folie du héros.

La pièce finit comme elle commence, sur une note militaire. Mais celle qui résonne dans la dernière scène annonce le retour de la vie, avec l'aube qui se lève, et une nouvelle lignée de rois. Qui sait ? Wittemberg et la grâce ont peut-être triomphé, comme dans *La Tempête*. Les derniers mots d'Horatio à Hamlet évoquent le chant des anges.

INTERMÈDE

1

La Stratégie Navale des Cachalots

Un récit d'Herman Melville donne un aperçu de l'intelligence de créatures qui méritent d'autres sentiments que la crainte. Il fournit aussi une leçon d'humilité pour le raisonnement et le sens de la manœuvre du genre humain :

« Dans l'année 1829, le bateau Essex, commandé par le capitaine Pollard, de Nantucket, faisait une croisière dans l'océan Pacifique. Un jour, il vit des jets, mit ses embarcations à l'eau et donna la chasse à un banc de cachalots. Bientôt plusieurs furent blessés ; subitement un très gros cachalot s'échappa des embarcations, sortit du banc, fonça droit sur le vaisseau et, s'élançant contre ses flancs, il le creva avec son front de telle sorte qu'en moins de dix minutes, l'Essex fit eau et se retourna. Pas une planche n'en a été vue depuis. Voici le récit de Owen Chace, qui était second à

95

*bord de l'*Essex *au moment du désastre : "l'ensemble des faits me permet de conclure que tout, sauf le hasard, avait dirigé ses opérations ; il mena deux attaques distinctes sur le vaisseau, à court intervalle, toutes deux, selon leur direction, calculées pour nous faire le plus grand mal, étaient faites de la tête et ainsi combinant la vitesse des deux objets pour le choc ; ces manœuvres étaient exactement celles qu'il fallait pour réussir. Son aspect était très horrible et indiquait le ressentiment et la fureur. Il sortit directement du banc dans lequel nous venions de pénétrer et dans lequel nous venions de frapper trois de ses compagnons ; il venait comme s'il était emporté par le désir de venger leurs souffrances."»*

Cet animal force le respect. A ceux qui se demandent ce que son histoire peut faire dans un livre sur l'irrationnel, on peut répondre ceci : en situation périlleuse, au lieu de lutter contre les embarcations, ce que nous faisons tous, il vaut mieux s'attaquer directement au vaisseau, qu'il convient donc d'identifier. Ou encore ceci : certaines bêtes ont l'esprit dur et le cœur tendre, contrairement à la plupart des humains qui ont le cœur sec et l'esprit mou. Dans le premier cas, l'homme peut apprendre du cachalot une bonne leçon de stratégie. Dans le second, il peut admirer l'équilibre auquel cet animal est parvenu entre le raisonnement stratégique et la passion sauvage causée par la souffrance de ses trois camarades.

2

La Foudre et l'Invention Musicale

Oliver Sacks raconte l'étrange histoire de Tony Cicoria, qui, à quarante-quatre ans, est devenu musicien après avoir été frappé par la foudre. Il est difficile de trouver une explication à son aventure, mais comme on est loin de tout comprendre sur le cerveau, les scientifiques n'ont aucune raison de se sentir insultés par cette histoire. La voici : Cicoria se trouvait un après-midi au bord d'un lac pour une réunion familiale, quand il décide d'appeler sa mère d'une cabine téléphonique. Il faisait beau, il y avait une légère brise, et l'on distinguait quelques nuages à l'horizon.

Il entre dans la cabine, parle à sa mère, et voici ce qui lui arrive : « Je parlais à ma mère au téléphone. Il y avait un peu de pluie et du tonnerre au loin. Ma mère raccrocha. Le téléphone était à un mètre de l'endroit où je me tenais debout quand j'ai été frappé par la foudre. Je me souviens d'une vive lumière sortant du téléphone. Elle m'a frappé sur le visage et je me mis à voler en arrière… puis en avant. Stupéfait, je regardais autour de moi. J'ai vu mon corps allongé par terre et je me suis dis : "Merde, je suis mort." J'ai vu des gens s'approcher de moi… Ma conscience revint. Je vis les enfants et compris que tout irait bien pour eux. Puis je fus entouré par une lumière bleue et blanche… et je ressentis un sentiment de bien-être et de paix… Ensuite je me suis dis : c'est le sentiment le plus merveilleux que j'ai jamais ressenti. Et SLAM ! J'étais de retour. »

Quelques mois après cette expérience, tout était redevenu normal, quand Cicoria ressentit soudain un désir insatiable d'écouter de la musique classique, qui ne l'avait jamais intéressé auparavant. Il commanda des disques et voulut tous les jouer (il venait d'hériter d'un piano). Il apprit le solfège, retrouva quelques notions de son enfance, et commença à jouer. Soudain, il se mit à entendre dans sa tête des mélodies qui ne s'arrêtaient pratiquement jamais et il devint compositeur.

Un « torrent de notes » lui parvenait, dans une aventure de plus en plus solitaire avec sa *muse. Sa femme trouva le changement brutal, en eut assez de le voir se lever sans arrêt la nuit pour composer ses œuvres, le quitta et le laissa seul avec son piano. Il s'en aperçut à peine : il était heureux avec sa musique qui ne le quittait plus. Mieux vaut parfois un bon coup de foudre qu'un mauvais mariage.*

3

Rencontre sur Mars

Il y a quelques décennies, on croyait encore que l'antimatière (les positrons) « allait vers la droite » tandis que la matière (les électrons) « allait vers la gauche ». Richard Feynman, prix Nobel de physique, qui avait l'imagination fertile, raconte l'histoire d'un savant qui tente d'expliquer à un Martien (dont il ignore s'il est fait de matière ou d'antimatière) comment réaliser ses expériences. Il rencontre immédiatement le problème suivant : on ne pouvait indiquer au Martien ce qui se trouvait à droite ou à gauche, car s'il était composé d'antimatière, les électrons seraient des positrons quand il ferait ses expériences, et commenceraient à tourner du mauvais côté. Pour le reste, les échanges vont bon train et le savant (qui ne doute de rien hormis du sens de ses particules) en arrive à expliquer au Martien comment il peut faire un homme. Les instructions sont suivies et… l'expérience est un succès : un être humain est né sur Mars. L'instruction se poursuit et le Martien, avide de connaissances, est informé de nos lois et de nos conventions. Finalement, il souhaite connaître son interlocuteur terrien et lui indique comment faire un vaisseau spatial pour le rejoindre. Le vaisseau est construit, il arrive sur Mars, et les politesses commencent. C'est là que tout risque de se gâter, comme l'auront compris les esprits les plus rapides : « Vous tendez votre main droite. S'il sort sa main droite c'est parfait, mais s'il tend la gauche, attention… Vous risquez l'annihilation réciproque. » La leçon de cette histoire est toute simple : à un moment où l'on se promène dans l'espace pour un oui et pour un non, il vaut mieux abandonner l'habitude occidentale de serrer la main de son interlocuteur et adopter la coutume indienne qui consiste à joindre les mains sur la poitrine en penchant légèrement la tête et en se contentant de dire Namaste. Les risques d'annihilation sont moindres.

Codicille savant. La nature est symétrique à 99,99 % : la droite et la gauche ne présentent aucune autre différence que ce minuscule pourcentage. Pourquoi en est-il ainsi ? Selon Richard Feynman, aucun physicien n'est parvenu à l'expliquer.

4

L'Origine des Fusées

Le père de l'aéronautique moderne, Constantin Tsiolkovski, a une histoire singulière. Il avait eu la scarlatine étant enfant, avec des séquelles qui se révélèrent décisives pour son destin. Devenu à moitié sourd, les écoles russes lui avaient fermé leurs portes et il fut ainsi contraint de chercher une voie originale pour faire son éducation. C'est ainsi qu'il devint l'élève d'un des personnages les plus étranges de l'histoire intellectuelle russe à la fin du XIXe siècle : Nikolai Fedorov, connu pour son obsession de la résurrection des morts et l'existence d'un autre monde — matériel — habité par ceux qui étaient ressuscités.

Avec l'enthousiasme des amateurs que les

*catégories scolaires n'ont pas détruit, Constantin cherca les moyens de se rendre dans ce monde : à seize ans, il calculait la force centrifuge qui permettrait à un vaisseau de se libérer de la gravité terrestre. Et trente ans plus tard, en 1903, il publiait sa grande œuvre (*L'Exploration de l'Espace Cosmique*), où il expose non seulement les moyens d'envoyer un objet dans l'espace avec des propergols pour la propulsion, mais ceux de guider sa trajectoire et de le stabiliser avec un gyroscope. Tout cela en l'honneur de son maître, pour regagner le monde des morts qui avaient ressuscité. Une bien belle histoire russe.*

Il y eut une suite mieux connue des physiciens. Ses travaux ont permis à Sergueï Korolev, le von Braun soviétique libéré des camps en 1940 pour participer à la conception des avions de combat, de construire les fusées de l'URSS. Tsiolkovski avait une jolie formule : « La Terre est le berceau de l'humanité, mais on ne peut pas toujours rester dans son berceau. » Au rythme où l'on détruit le berceau, il faudra bien en effet trouver autre chose. Pourquoi pas le monde de Constantin Tsiolkovski ?

5

Anges et Planètes

Dick Feynman, dont il a déjà été question, a réhabilité une des thèses les plus farfelues du XVIe siècle. A cette époque, Johannes Kepler décrit le mouvement des planètes autour du soleil et confirme les thèses de Copernic en précisant que les orbites sont elliptiques et non circulaires. Kepler croyait à l'existence d'un message divin dans l'organisation de l'univers et il donnait pour explication au mouvement des planètes une forme de magnétisme exercé par le soleil. On attend encore Isaac Newton et la grande loi de la gravitation, mais les travaux mathématiques de Kepler régissant les relations des planètes sur leurs orbites seront utilisés par Newton.

Voici le texte de Richard Feynman, que seul un très grand scientifique ayant avec la nature une familiarité déconcertante peut se permettre d'écrire : « Qu'est-ce qui fait tourner les planètes autour du soleil ? Au temps de Kepler, il y avait des gens pour répondre que derrière chaque pla-nète se trouvait un ange battant des ailes et la poussant sur son orbite. Comme vous le verrez, cette réponse n'est pas très loin de la vérité. La seule différence est que les anges ont une autre position et battent des ailes vers l'intérieur de l'orbite... Tout ce qu'ils ont à faire c'est de constamment battre des ailes en direction du soleil. »

Cette présentation de la loi de la gravitation, dont Dick Feynman dans un de ses cours donne trois autres versions, est la plus plaisante des quatre, même si – ou parce que – elle semble appartenir à une autre époque. Il faut ajouter que la loi de Newton ayant été mise légèrement en défaut par la découverte de Mercure, l'affaiblissement du champ gravitationnel selon une loi précise jusqu'aux confins de l'univers découverte par Einstein doit avoir un lien avec une certaine fatigue des anges, qui demeure inexpliquée et sur laquelle il n'est pas interdit de méditer.

6

La Déraison du Procureur

Dans un livre de cuisine anglais, le chapitre sur les lièvres s'ouvre sur un conseil judicieux :

« *Commencez par attraper le lièvre.* » *C'est ainsi que devrait s'ouvrir le chapitre sur le jugement des criminels. Mais, comme on ne le sait que trop, la justice se satisfait parfois de recettes plus économes.*

Un criminologue, le professeur von Liszt, illustre les raisonnements absurdes de certains procureurs, en prenant l'exemple d'un homme accusé d'avoir commis un vol la nuit dans un parc de Vienne. L'accusé clame son innocence, et l'on ne retrouve aucune trace du portefeuille volé, ni d'indice de la culpabilité de l'accusé, qui avait seulement eu la mauvaise idée de se trouver dans le parc ce soir-là.

A bout d'arguments, le procureur s'exclame : « Pourquoi l'accusé se serait-il rendu la nuit dans ce parc, sinon pour voler ? Personne ne se promène la nuit dans ces parages à moins qu'il n'ait l'intention de commettre un vol. » A quoi l'avocat répondit en démontrant le caractère irrationnel de ces propos : « Si les voleurs sont les seuls à se rendre dans ce parc la nuit, quelle raison un voleur aurait-il d'y aller à un moment où il serait sûr de n'y rencontrer que des collègues ? »

Le raisonnement du procureur n'est pas moins absurde que celui de la censure tsariste contre le titre du chef-d'œuvre de Gogol, Les Ames

Mortes : « Jamais ! L'âme est immortelle. »
Quand on explique qu'il s'agit d'un trafic de serfs
récemment décédés, elle réplique : « A plus forte
raison ! C'est contre le servage ! » Dans certains
cas, on ne peut rien contre l'argument d'autorité.

7

Les Chevaux d'Achille

Pour son dernier combat, Achille a prêté à
Patrocle ses chevaux Balios et Xanthos, cadeaux
de Zeus à Pélée lors de son mariage avec Thétis.
Après la mort de leur cocher sur le champ de
bataille, ils pleurent : « Les chevaux de l'Eacide,
à l'écart du combat, sont là qui pleurent, depuis
l'instant où ils ont vu leur cocher choir dans la
poudre sous le bras d'Hector meurtrier. Automé-
don, le vaillant fils de Diôrée, a beau les presser
sans trêve, en les poussant d'un fouet agile, leur
parler sans trêve aussi, d'une voix qui tantôt les
caresse et tantôt les menace : les deux chevaux se
refusent aussi bien à rentrer aux nefs, du côté du
large Hellespont, qu'à marcher au combat du
côté des Achéens. Ils semblent une stèle qui

demeure immuable, une fois dressée sur la tombe d'une femme ou d'un homme mort. Ils demeurent là, tout aussi immobiles, avec le char splendide, la tête collée au sol. Des larmes brûlantes coulent de leurs yeux à terre, tandis qu'ils se lamentent dans le regret de leur cocher, et elles vont souillant l'abondante crinière qui vient d'échapper au collier et retombe le long du joug des deux côtés. »

Zeus les prend en pitié : « Pauvres bêtes ! Pourquoi vous ai-je donc données à Sire Pélée ? » Ces chevaux, symboles de la noblesse et du dévouement, sont immortels, et leurs larmes évoquent pour Homère la tristesse des dieux devant la mort des hommes. La scène a inspiré le poète Kavafy, qui reprend presque littéralement le texte d'Homère. Elle témoigne de l'amour du poète grec pour tous les êtres vivants, mortels et immortels, bêtes, hommes, héros ou dieux.

8

Les descendants des Argonautes

A la fin de la guerre froide, pendant quelques années, chacun a été tenté de rentrer dans ses pénates. On a vu à Göttingen des Allemands qui avaient quitté le pays sous la grande Catherine, en Tchécoslovaquie (avant la scission), la famille Kinsky récupérer terres et châteaux, et en France revenir les archives de police confisquées par les Allemands pendant l'occupation, puis par les Soviétiques après la défaite allemande. Le plus extraordinaire de ces retours divers a eu lieu en Grèce, où l'on a vu arriver un curieux groupe d'individus du fin fond de la Russie. Fâchés avec la chronologie, ils n'avaient pas grand-chose — et même rien du tout — à voir avec la guerre froide. Ils croyaient seulement à la possibilité de rentrer chez eux. Ils y revenaient après plusieurs millénaires, car c'étaient les descendants des compagnons de Jason, les Argonautes, établis en Colchide sur les bords de la mer Noire. Ils parlaient un grec classique incompréhensible pour leurs concitoyens du XXe siècle, et nul ne sait s'ils avaient gardé en mémoire l'histoire du roi Pélias qui avait dépos-

sédé le père de Jason de son trône, ni s'ils se souvenaient de l'homme chaussé d'une seule sandale et de la fourrure du bélier. Quoi qu'il en soit, le ministère de l'Education pourrait envisager de les recruter comme professeurs de grec dans les lycées français pour vérifier tout cela de plus près.

9

Communication

Ceux qui connaissent un peu le monde juif comprendront cette histoire. Il s'agit d'un débat entre docteurs de la loi – et surtout entre Rabbi Eliezer et Rabbi Yehoschoua. Rabbi Eliezer commence par avancer tous les arguments possibles en faveur de ses interprétations de la loi, mais ils sont tous rejetés.

Il passe donc à un autre type de démonstration en s'adressant à un arbre : « Si la loi est conforme à mes arguments, que ce caroubier le prouve. » Aussitôt le caroubier recula de cent coudées. Les sages lui objectèrent : « Un caroubier ne saurait être une preuve » ; Il poursuivit : « Si la halakha est comme je la formule, que ce ruisseau en témoigne. » L'eau du ruisseau se mit à remonter vers l'amont. Ils lui répliquèrent : « On ne saurait tirer une preuve d'un ruisseau. » Il insista et dit : « Si la halakha est conforme à mon enseignement, que les murs de cette maison le prouvent. » Alors les murs s'inclinèrent au point de tomber. Rabbi Yehoschoua les apostropha par ces mots : « De quoi vous mêlez-vous lorsque des docteurs de la loi débattent une question de halakha ? »

Rabbi Eliezer revint à la charge : « Si la halakha s'énonce d'après moi, que le ciel en témoigne. » C'est alors qu'une voix céleste se fit entendre : « Pourquoi cet acharnement contre Rabbi Eliezer ? La halakha est toujours comme il l'énonce. » Mais Rabbi Yehoschoua se leva et dit : « La Torah n'est pas au ciel. »

Une histoire qui en explique beaucoup d'autres, à commencer par une familiarité peu ordinaire du peuple juif avec la divinité. Certains iront jusqu'à la trouver excessive. Mais qui sont-ils pour en juger ?

10

Le Sermon aux Poissons

On trouve dans les Fioretti *de François d'Assise une histoire de poissons qui commence de façon classique : un homme de Dieu – il s'agit d'Antoine de Padoue – veut ramener dans le droit chemin des hérétiques qui n'en ont strictement rien à faire. En bref, personne n'écoute Antoine, qui prêche, comme on dit, dans le désert. Mais c'est un homme de Dieu, difficile à décourager, et il décide de donner aux hommes une leçon de son cru. Sur les bords de la mer, à l'embouchure d'un fleuve, il se met à prêcher aux poissons : « Ecoutez la parole de Dieu, vous poissons de la mer et du fleuve puisque les infidèles refusent de l'entendre. » Dès qu'il a fini sa phrase, une multitude de poissons se dirigent vers le rivage, où ils se tiennent bien droits, la tête hors de l'eau, rangés par ordre de taille : les petits au premier rang, les moyens au milieu, et les grands derrière, là où l'eau est profonde. Attentifs comme des khâgneux un mois avant le concours, ils écoutent le sermon d'Antoine sur les bontés de Dieu à l'égard des poissons. Il y est notamment question du choix que Dieu a fait du plus grand d'entre eux pour garder Jonas dans son ventre, trois longs jours et trois longues nuits. Ce sera le sujet du prochain chapitre.*

DEUXIÈME PARTIE

1

Jonas

Dans *Moby Dick*, avant le départ pour Nantucket (nous sommes encore à New Bedford), Jonas est le thème du sermon du Père Mapple, adoré des baleiniers en raison de sa grande bonté et de son passé de harponneur. L'aumônier connaît son public et il sait lui parler. Ismaël vient d'entrer dans la chapelle des Baleiniers, il a juste eu le temps de faire une brève méditation sur la mort en lisant les tablettes de marbre bordées de noir où se trouvent les noms de ceux qui ont disparu en mer. Il ne sait pas encore qu'il va revivre l'histoire de Jonas, et rencontrer Moby Dick, une baleine blanche dont « l'idée terrible, indescriptible... par son intensité, dépassait parfois tout le reste ; quelque chose de mystique, voire d'ineffable, qui désespérait l'entendement ».

Il connaîtra une effroyable tempête, dont il sera le seul survivant : le gouffre engloutira le bateau et tout l'équipage. Mais tandis qu'Ismaël, tel un « nouvel Ixion », a commencé à tourner, tourner et tourner, « approchant de la bulle noire du centre, comme un bouton d'essieu », il est soudain rejeté avec force vers la surface de la mer, à côté des requins qui glissent à ses côtés « avec des gueules verrouillées », comme s'il leur était interdit de s'attaquer à lui. Repêché par un navire, Melville écrit qu'Ismaël a survécu pour témoigner. Ce fut très exactement le cas de Jonas. On trouvera plus loin des passages du sermon.

Dans la Bible, Jonas est envoyé par Dieu à Ninive pour l'inciter à la pénitence, mais le prophète, pour diverses raisons où la lâcheté a sa part, ne veut pas de cette mission et s'embarque sur un navire qui se dirige en sens exactement opposé, vers Tarsis. La colère divine se déchaîne sous forme d'une grande tempête et Jonas, que le chef de l'équipage a fait monter sur le pont, se retrouve en moins de temps qu'il n'en faut pour le dire dans le ventre d'une baleine très spéciale, envoyée par Dieu en personne. Il reste trois jours et trois nuits dans les entrailles de la bête, avant d'être recraché comme un malpropre sur la côte. Où il reçoit à nouveau l'ordre de se rendre à Ninive. La leçon a porté : il s'y rend cette fois pour faire enfin son travail, qu'il conduit avec succès : Ninive se convertit.

Pour la plupart des commentateurs, prêts – si l'on peut dire – à avaler l'histoire de la Baleine sans faire trop d'histoires, il y a dans cette conversion une impossibilité : un Juif, appartenant à un peuple méprisé, aurait été écouté du roi de Ninive et de son peuple, qui se seraient *convertis* – imaginez la conversion de Saddam et de ses deux fils par un rabbin pour vous faire une idée de la vraisemblance de l'épisode. Et tout cela sans laisser la moindre trace historique : il n'y pas de conversion des Assyriens dans les annales. Il se serait donc agi non d'un miracle d'une tout autre ampleur que l'histoire de la Baleine, qui recrache après trois jours sa proie intacte, mais d'une invention pure et simple.

Le récit a reçu pour cette raison le statut spécifique d'un texte littéraire dans la Bible. Le fait que le Père Mapple le traite comme une

histoire vraie fait partie de son métier d'aumônier : il utilise des histoires comme le Nouveau
Testament les paraboles, pour faire comprendre des vérités nettement trop complexes
pour l'entendement.

Mais comme le livre de Jonas déclare par
ailleurs sans ambiguïté que Ninive *crut* en
Dieu, et qu'un prophète du nom de Jonas a
en outre bel et bien existé, il y avait une difficulté de taille à résoudre. Elle l'a été en postu-
lant simplement que Jonas, le héros du récit,
et Jonas, le prophète du VIIIe siècle, étaient en
réalité deux Jonas bien distincts. Le premier
serait un héros de fiction, dans une œuvre
datant au plus tard du Ve siècle – date à
laquelle Ninive est détruite depuis des lustres
(621), sans doute parce qu'elle n'a pas écouté
les propos de Jonas. Le second est un prophète
en chair et en os, et l'un des douze « petits »
prophètes. Ce qui signifie à tout le moins
qu'une fiction peut faire partie de l'Ecriture.
Même une fiction qui livre après coup, et
sciemment, une version qui ne correspond pas
à la vérité historique, peut-être au nom *d'une
vérité plus haute*.

L'œuvre, d'une grande beauté littéraire, est
en effet en avance sur son temps pour une

question essentielle : elle affirme l'universalité du message divin et de la foi en Dieu, au-delà du peuple élu. La mission de Jonas en Assyrie, chez les oppresseurs du peuple juif, indique en effet que ces ennemis détestés peuvent aussi être aimés de Dieu. Et qu'ils peuvent même se repentir. Cette mission, qui « élargit » l'élection divine, a peut-être été insupportable à Jonas, qui avait aussi peur du roi de Ninive, et il se dirige dans le sens opposé, espérant sans doute que Dieu n'y verra que du feu.

Il s'embarque donc pour l'Ouest, et c'est là que son aventure tourne mal. Les matelots comprennent vite à son regard torve et à ses drôles de manières qu'ils ont à bord un homme qui a désobéi à Dieu, et, avec la solide superstition des marins, ils craignent la tempête. Laquelle ne tarde pas, comme prévu, à se déchaîner. La baleine avale Jonas, le recrache trois jours plus tard, et le prophète, qui n'a pas apprécié les entrailles de la bête et s'est repenti d'une désobéissance doublée de veulerie, se décide à remplir sa mission. Ninive se convertit.

Cette thèse littéraire prend beaucoup de liberté avec d'autres passages de la Bible, et notamment avec la comparaison que fait le Christ lui-même, chez Luc et Matthieu, de son propre séjour dans la tombe. La préfiguration de la résurrection est aussi présente dans l'histoire des trois Hébreux aux noms impossibles (Shadrach, Meshach et Abednego) que seuls les baptistes américains connaissent par cœur, jetés dans le feu par Nabuchodonosor en raison de leur refus d'adorer des idoles et qui ne brûlent pas. Ou de leur ami Daniel, le prophète liseur de songes, placé dans la fosse aux lions sans exciter l'appétit des fauves. Le Christ aurait-il choisi un personnage fictif pour évoquer sa mort et sa résurrection ? Serait-il identifié à ce personnage louche ou du moins peu fiable ?

Matthieu et Luc s'expriment en termes presque identiques. Matthieu : « Génération mauvaise et adultère ! Elle réclame un signe, et de signe, il ne lui sera donné que celui du prophète Jonas. De même en effet, que Jonas fut dans le ventre du monstre marin durant trois jours et trois nuits, de même le Fils de l'homme sera dans le sein de la terre durant trois jours et trois nuits. » Luc : « Cette génération est une génération mauvaise ; elle réclame un signe, et de signe, il ne lui sera donné que le signe de Jonas. Car de même que Jonas devint un signe pour les Ninivites, ainsi le Fils de l'homme en sera un pour cette génération. » Tous deux annoncent que seule la résurrection – après la mise à mort – pourra convaincre les hommes de la divinité du Christ. Mais il y a un autre message, qui est celui de l'universalité de l'appel. Selon l'Esprit, l'histoire est donc vraie, et c'est précisément le Christ qui vient en apporter témoignage : son message ne s'adresse pas aux seuls Juifs. Même les Ninivites peuvent recevoir le signe et se convertir.

Voici maintenant le sermon du Père Mapple, dont on appréciera le talent de conteur : « Bien-aimés camarades de mer, arrimez-vous au dernier verset du premier chapitre de Jonas : ... *Et Dieu avait préparé un grand poisson pour avaler Jonas.* Camarades de mer, ce livre, qui ne contient que quatre chapitres, est un des plus petits filins du puissant câble des Saintes Ecritures. Quelles profondeurs de l'âme ne sondent-ils pas cependant... Comme il en va de la plupart des pécheurs, le péché de ce fils d'Amittaï, c'est qu'il voulait désobéir aux commandements de Dieu. Vous n'avez pas à vous préoccuper de ce qu'étaient ces commandements ni de la façon dont ils étaient transmis. Il pensait, lui, que c'était un dur commandement… En plus de ce péché de désobéissance, Jonas en son for intérieur raille Dieu et essaye de se passer de lui. Il s'imagine qu'un bateau fait de main d'homme peut le porter en des lieux où Dieu ne règne pas, mais seulement des chefs terrestres. Il rôde autour des quais de Joppé (Jaffa), cherchant un bateau à destination de Tarshish (Cadix)… Le misérable ! Voyez cet homme abject, objet de mépris ; voyez-le avec son chapeau rabattu sur son nez pour cacher ses yeux coupables, ses yeux qui se cachent de Dieu ! Voyez-le rôdant autour des bateaux comme un sale voleur qui voudrait mettre la mer entre lui et ceux qui le recherchent ! Son regard est tellement inquiet, tellement conscient de son abjection que, si les gendarmes avaient existé à cette époque, il aurait été aussitôt soupçonné de quelque méfait et, certainement, aurait été arrêté avant d'avoir mis le pied sur le pont d'un navire… "Qui est là ?" crie le capitaine affairé à son bureau, achevant de préparer les papiers pour la douane. "Qui est là ?" Oh, comme cette simple question peut bouleverser Jonas ! Il s'en faut de peu qu'à ce moment il ne fasse demi-tour. Mais il se ressaisit : "Je cherche un passage pour Tarshish dans ce bateau. Dans combien de temps partez-vous, Sir?... — Nous partons avec la prochaine marée", répondit-il finalement avec lenteur et sans cesser de le dévisager. "Pas plus tôt? — Assez tôt pour tout honnête homme qui voyage comme passager... — Je voyagerai avec vous, dit-il; combien coûte le voyage? Je paye tout de suite." Car ceci est dit en toutes lettres, camarades de mer; et il n'est pas négligeable de constater qu'il soit écrit: Et il paya le prix du voyage avant le départ du vaisseau. Pris avec le contexte ceci est lourd de sens... A présent l'heure de la marée est venue. Le bateau lâche l'amarre et, sans personne pour lui dire adieu, glisse au large, vers Tarshish. Ce bateau, mes amis, fut le premier de tous les bateaux contrebandiers... Sa contrebande c'était Jonas... Voici que la mer se révolte. Elle ne veut pas porter le mauvais fardeau. Un orage terrible se lève... (Les marins) tirent au sort pour savoir à cause de qui cette grande tempête est sur eux. Et les dés désignent Jonas... Le misérable Jonas leur crie de le jeter à la mer (ce qu'ils finissent par faire)... Immédiatement un calme huileux se fait vers l'Est. La mer se tranquillise. Jonas emporte l'orage avec lui. S'éloignant de l'accalmie, il descend avec une telle vitesse qu'il s'aperçoit à peine qu'il tombe dans la gueule béante qui l'attend. Dès qu'il y est, la baleine fait claquer ses dents d'ivoire comme autant de verrous blancs sur sa prison. Alors, Jonas, du ventre du poisson, pria Dieu. »

Le sermon s'arrête à peu près là, après quelques conseils pratiques pour les pêcheurs sur l'utilité du repentir. L'histoire d'Achab et de la Baleine Blanche – qui a aussi des majuscules chez Melville car, on peut le dire après avoir lu le roman, cet animal est vraiment quelqu'un – va commencer. C'est une histoire de déséquilibre, d'entêtement diabolique et de folie : « Tout ce qui rend fou et qui tourmente, tout ce qui remue le fond trouble des choses, toute vérité contenant une partie de malice, tout ce qui ébranle les nerfs et embrouille le cerveau, tout ce qui est démoniaque dans la vie et dans la pensée, tout mal était pour ce fou d'Achab, visiblement personnifié, et devenait affrontable en Moby Dick. » Au-delà de la folie, c'est une histoire d'orgueil, de démesure et d'obstination funeste, très différente de l'histoire de la Bible.

C'est que Jonas et sa baleine se prêtent à des interprétations multiples. Dans un texte écrit en 1940, George Orwell en propose une, très marquée par la conviction que ses contemporains sont passifs, acceptent de se laisser « avaler », et refusent de regarder la réalité de la guerre en face : « Le Jonas historique, si l'on peut dire, ne fut pas mécontent du tout de parvenir à s'échapper, mais innombrables sont les gens qui ont secrètement envié son sort dans leurs rêves éveillés. L'explication en est toute simple : le ventre de la baleine n'est rien d'autre qu'une matrice à l'échelle de l'adulte. Vous êtes là, dans cet espace sombre et doux qui vous enveloppe parfaitement, avec d'épaisses couches de graisse entre vous et le monde, en mesure d'adopter une attitude de totale indifférence à l'égard de la réalité extérieure, quoi qu'il puisse arriver. Une tempête capable d'envoyer par le fond tous les cuirassés du monde ne vous parviendrait que sous la forme d'un écho lointain, à peine perceptible. »

On chercherait en vain cette image chez Melville, hanté par l'horreur symétrique du couple infernal que constituent la Baleine Blanche et Achab. Pour ce dernier, aucune rédemption n'est possible : il ne quittera jamais le gouffre car il a commis le seul crime qui ne connaît pas de pardon. Ceux qui conservent des doutes sur ce sujet peuvent méditer le passage suivant : « Dans le sommeil, l'essence même de son âme, délivrée du joug de son esprit, se révoltait et cherchait à s'enfuir de lui comme d'un terrible compagnon. Mais l'esprit ne peut exister que soudé à l'âme et Achab devait tout vaincre pour imposer même aux dieux et aux démons sa volonté indépendante qui voulait frapper son but par-delà même les dieux et les démons. » C'est ce qui s'appelle dépasser les limites.

Pour les Grecs, le signe de l'effondrement des valeurs était la disparition de la crainte des dieux. Il en résulte de grandes tempêtes.

2

Melchisédech

Melchisédech est le personnage le plus énigmatique de la Bible. Qui donc est cet homme sans parents ni descendance, qui se permet de bénir Abraham, et dont la Bible ne parle presque pas ? Son nom signifie « roi de Justice » (appellation qui désigne parfois aussi l'archange Michel, qui trône dans la Jérusalem céleste), mais il est aussi le roi de Shalem et donc « roi de Paix » (Shalem le croirait-on est le nom primitif de Jérusalem).

Ce monarque, dont certains commentateurs disent qu'« il voulait faire régner la justice comme instrument de la paix », ne serait, selon le Midrash, que Sem, fils de Noé, ce qui explique peut-être cela. Il aurait vécu sur l'arche et aurait connu la catastrophe du déluge. Cette expérience traumatisante de la toute-puissance divine l'aurait conduit à embrasser la prêtrise et à lutter contre tout retour aux iniquités d'avant le déluge en instituant le royaume de la justice pour écarter la colère de Dieu.

Mais la chronologie est invraisemblable : dans la Genèse, Noé est séparé d'Abraham par de multiples générations (même s'il engendre Sem, Cham et Japhet quand il a atteint cinq cents ans, ce qui témoigne d'une belle vigueur physique, et si ses enfants ont encore le plaisir de profiter de sa présence pendant quatre cent cinquante ans). Melchisédech a-t-il été contemporain du déluge *en un autre sens* ? Ou le fait de n'avoir ni parent ni descendance, et donc d'être littéralement hors du temps, rend-il l'idée même de génération absurde ? Quoi qu'il en soit, ces premières informations sont troublantes.

Puis vient la rencontre avec Abraham. C'est au retour d'une campagne militaire, où Abraham a vaincu des adversaires redoutables et beaucoup plus puissants que ses propres troupes (il s'agit de Kedor-Laomer, roi d'Elam, c'est-à-dire de Perse, qui faisait déjà des siennes à cette époque, et des rois qui lui payaient un tribut annuel pour se la couler douce). La bataille s'est déroulée à la faveur de la nuit, une précision qui suggère la difficulté de l'entreprise. Abraham a établi un plan stratégique compliqué que le Midrash interprète ainsi : l'homme qui cherche l'appui de la divinité doit d'abord faire tout ce qui est en son pouvoir pour réussir. Et dans le cas d'espèce, ça marche : Abraham est soutenu à maintes reprises par l'Eternel au cours de la bataille. Après cette nuit des miracles, le Patriarche ne se contente pas de son étonnante victoire. Il va poursuivre ses ennemis jusqu'à Hoba, au nord de Damas, puis il s'en retourne chez lui. Et c'est alors qu'il rencontre Melchisédech.

La Genèse (chapitre 14, versets 18 à 20) n'est pas très bavarde sur cet épisode : « Melchisédech, roi de Shalem, apporta du pain et du vin ; il était prêtre du Dieu Très Haut. Il prononça cette bénédiction : "Béni soit Abraham par le Dieu Très Haut qui créa ciel et terre, et béni soit le Dieu Très Haut qui a livré tes ennemis entre tes mains." Et Abraham lui donna la dîme de tout » (c'est-à-dire du butin acquis par la récente victoire militaire). Le pain et le vin ne requièrent pas d'explication compliquée : on les apporte au guerrier qui rentre du combat. C'est peut-être aussi une allusion aux libations que les enfants d'Abraham offriront plus tard. En revanche il est franchement bizarre de voir cet homme bénir Abraham (pour qui se prend-il ?) et de le faire *avant* de bénir Dieu, qui est tout de même « le créateur de toutes choses ». L'action providentielle du Dieu Très Haut à l'égard d'un homme particulier, Abraham, qui a su lui plaire, suffit-elle à expliquer cette bénédiction ? De toute façon, on n'en saura pas plus.

Le caractère laconique de la Genèse sur Melchisédech n'empêche pas ce personnage d'être à nouveau cité dans le Psaume 110, dans un contexte qui ne laisse aucun doute sur son importance aux yeux de la divinité, puisque Dieu en personne, après avoir salué le Messie comme son Fils dans le Psaume 2, le désigne à présent comme grand prêtre à jamais selon l'ordre de Melchisédech : « Le Seigneur l'a juré dans un serment irrévocable : "Tu es Prêtre à jamais selon l'ordre de Melchisédech." » Le bouleversement hiérarchique noté dans la Genèse est encore plus mystérieux dans ce contexte. Le Messie se trouve placé dans un ordre auquel appartient déjà Melchisédech, celui de la justice et de la paix.

Il n'est pas étonnant dans ces conditions que Paul, qui ne laisse rien passer, et a toujours – si l'on peut dire – un pied dans chaque Testament, place ce personnage très haut dans l'Épître aux Hébreux. Ayant béni Abraham, « le détenteur des promesses », et reçu de lui la dîme, il lui est clairement supérieur. Il l'est donc aussi aux Lévites, qui descendent d'Abraham. Son sacerdoce, comme celui du Christ, est éternel (le fait qu'il soit « antérieur » à la Loi mosaïque n'a pas de sens dans ce contexte), et, comme le Christ, il annonce une nouvelle Loi, « car la Loi n'a pas mené à la perfection ». Le Christ devient garant d'une alliance supérieure, avec un sacerdoce illimité dans le temps et un « correspondant » dans la Genèse, qui se nomme Melchisédech.

Voici le texte inouï de Paul : « En effet, ce Melchisédech, roi de Salem, prêtre du Dieu Très Haut, qui se porta à la rencontre d'Abraham, s'en retournant après la défaite des rois, et qui le bénit ; à qui aussi Abraham attribua la dîme de tout, dont on interprète d'abord le nom comme "roi de justice" et qui est aussi roi de Salem, c'est-à-dire "roi de paix", qui est sans père, sans mère, sans généalogie, dont les jours n'ont pas de commencement et dont la vie n'a pas de fin, qui est assimilé au Fils de Dieu, ce Melchisédech demeure prêtre pour toujours. »

Pour Paul, il n'y a pas de doute : il s'agit d'une préfiguration du Christ. Le personnage n'en est que plus énigmatique. Et si, comme le prétend Nietzsche, les grandes questions sont comme des bains d'eau froide où il faut plonger mais dont il faut sortir promptement, nous allons en rester là.

3

Arès Déchaîné

L'*Iliade* ne fait pas même semblant de justifier les conflits à l'aide des « causes » qu'affectionnent les historiens. Elle ne laisse aucun doute sur l'origine passionnelle des conflits, ni sur l'inanité des tentatives humaines pour en contrôler le cours après leur déclenchement. Le récit de la guerre de Troie s'appelle aussi « la colère d'Achille », colère funeste qui empêche les Grecs de gagner et qui faillit même causer leur défaite, au moment où la mort de Patrocle bouleverse la situation et où Achille revient sur le champ de bataille pour venger son ami. A l'origine de sa colère, il y a une injustice commise par le chef de l'expédition, général en chef des Grecs, et roi de Mycènes, Agamemnon. Il commence par insulter un prêtre d'Apollon, puis se venge sur Achille de n'avoir pu garder la fille de ce prêtre dans son lit en le privant de sa propre compagne, la belle Briséis.

Si l'on remonte dans le temps, à l'origine de la guerre de Troie, il s'agit, comme dans la Bible, d'une pomme présentée par un individu qui n'était pas convié à une cérémonie. En effet, Eris, déesse de la Discorde, n'a pas été invitée aux noces de Thétis et Pélée, et s'y rend avec une pomme d'or sur laquelle on peut lire : « Qui est la plus belle ? » On connaît la suite : Héra, Athéna et Aphrodite commencent à se disputer et Hermès est chargé par Zeus excédé de trouver un mortel pour en décider. Le sort tombe sur Pâris, le « bellâtre » de l'*Iliade*, qui choisit Aphrodite. La jalousie d'Héra et d'Athéna fait le reste : la guerre de Troie commence dans l'Olympe avant qu'Hélène ne se laisse séduire et enlever par le Prince troyen. Pour les Grecs, inventeurs du discours rationnel, il n'est pas de conflit qui ne commence dans les cieux.

Une fois commencé, le conflit de dix ans dont l'*Iliade* retrace cinquante jours aurait dû s'achever, dans l'esprit des Danaens, par une victoire rapide et décisive. Sans l'intervention des dieux, c'est peut-être ce qui se serait produit, mais ils participent eux aussi à la guerre. Après neuf années, si les Grecs sont encore convaincus qu'ils vont bénéficier d'une attaque surprise, c'est que Zeus le fait croire en rêve à Agamemnon pour le tromper et lui conseille d'engager la bataille dès son réveil. Le rôle de Zeus, comme celui d'Apollon, d'Athéna, d'Arès ou d'autres dieux de moindre importance, est de montrer aux hommes que les événements leur échappent. Thétis, la mère d'Achille, qui sait que son fils va mourir sous les murs de Troie, s'est aussi mise de la partie en demandant à Zeus de donner la victoire aux Troyens jusqu'au jour où les Achéens rendraient hommage à son enfant.

Ce jour-là, Achille revient au combat, la chance tourne, les Troyens le comprennent aussitôt, mais surtout, des acteurs invisibles s'agitent dans les cieux : « Achille a reparu, qui avait si longtemps quitté la bataille amère. Et… une atroce terreur s'insinue dans les membres de tous les Troyens ; ils s'effraient à la vue du Péléide aux pieds rapides brillant dans son armure, émule d'Arès, le fléau des hommes. Mais les Olympiens ont à peine rejoint le gros des combattants, que brusquement se lève Lutte la Brutale, meneuse de guerriers ; et qu'Athéna crie, tantôt debout, près du fossé ouvert et hors du rempart, tantôt sur les caps sonores, d'où elle pousse une longue clameur ; et que, de l'autre côté, Arès crie tout de même, semblable au noir ouragan et jetant d'une voix perçante ses exhortations aux Troyens, soit du haut de la citadelle, soit encore près du Simoïs, où il court se porter sur la Belle Colline. » La guerre est une affaire où les hommes ne sont pas seuls à se battre. Des forces mystérieuses et plus puissantes qu'eux participent au combat.

Cette croyance, si forte dans l'Antiquité, semble complètement perdue de nos jours. De quelles forces pourrait-il bien s'agir ? Comme en écho aux récits grecs et romains cependant, on trouve au XXe siècle ces propos d'un officier de l'Armée rouge pendant la Seconde Guerre mondiale : « J'étais hanté par l'idée des gladiateurs. Nous ne nous battions pas par sens du devoir ni avec notre volonté et nos désirs, mais grâce à une force inexorable. Chacun de nous faisait quelque chose qu'il ne pouvait pas s'empêcher de faire. Une force invisible nous avait destinés à être les gladiateurs du XXe siècle. » Soviétique ou pas, ce n'est pas un hasard si cette idée étrange est venue à un

Russe. Elle rappelle les propos énigmatiques de Tolstoï sur les campagnes de Napoléon (« Des masses humaines marchent d'Occident en Orient, massacrant leurs semblables »), Napoléon qui donnait lui-même au destin antique une version moderne en soulignant que la tragédie des peuples avait désormais succédé à celle des individus.

Le texte de l'officier soviétique montre aussi ce qui relie les Russes à un passé commun avec l'ensemble du monde occidental, auquel ils se croient souvent étrangers. (Herzen écrit, bien avant la révolution : « Toutes les richesses de l'Occident, tous les héritages nous manquent. Rien de romain, rien d'antique, rien de catholique, rien de féodal, rien de chevaleresque, presque rien de bourgeois dans nos souvenirs. ») Peut-être a-t-il raison, mais il suffit en tout cas d'une expérience douloureuse pour que Rome remonte du subconscient.

Condamnés à mort dans une lutte féroce – seize millions de pertes militaires soviétiques pendant la Seconde Guerre mondiale –, n'ayant aucun autre choix que d'avancer, sacrifiés par leur propre commandement pour arriver à Berlin avant le 1er mai, les officiers et les soldats de l'Armée rouge comptent de singuliers héros. Ils ont de bonnes raisons de penser aux gladiateurs, à cette différence près que leur public, la force inexorable et invisible évoquée par l'officier soviétique, est plus cruel que les spectateurs du Colisée.

L'analogie est d'autant plus juste que pour des millions de détenus du Grand Nord la seule libération possible avait été la guerre catastrophique qu'ils livraient à présent. Et dans l'évocation des camps, c'est encore Rome qui sert de référence. Boris Souvarine compare dès 1935 les déportations soviétiques à celles, douces en comparaison, de Sylla, le dictateur romain célèbre pour ses proscriptions, et des deux triumvirats (César, Pompée et Crassus, puis Octave, Marc Antoine et Lépide) qui ont écrasé ce qui restait de la république : « Il est impossible de savoir combien ont péri de faim et de froid dans les forêts septentrionales, sur les chantiers des grands travaux publics et dans les camps de concentration. Mais des renseignements partiels en donnent une idée à la fois imprécise et terrible, surtout de l'héca-tombe des enfants expulsés avec leurs mères, parfois dans l'épouvante de la nuit, et malgré les rigueurs de l'hiver transportés du sud au climat tempéré vers les zones glaciales où tant de ces petits innocents privés de toit, de soin et de tout ont trouvé prématurément un tombeau. Que sont les fameuses proscriptions de Sylla et des deux triumvirats au regard de ces faits ? »

Pour identifier les causes de ces horreurs modernes, il ne suffit pas de retenir « l'organisation intellectuelle de la haine politique », comme le fait Julien Benda, même si, à la fin du XIXe siècle et au début du XXe, les doctrines de l'autorité arbitraire, le mépris de l'esprit de liberté et l'affirmation de la moralité de la guerre étaient plus susceptibles de frapper les esprits que le libéralisme ou l'humanisme. Certes, une lutte s'organise pour se doter de la coercition la plus coercitive possible, mais les causes de cette aberration ne sont pas de nature essentiellement politique. Nietzsche est plus près de la vérité quand il évoque le pouvoir destructeur des passions modernes, et surtout celui du ressentiment, d'autant plus redoutable que l'événement central du XIXe siècle était selon lui la mort de Dieu, qui supprimait toute limitation à cette force de destruction. C'est une version moins politique de l'affirmation de Tocqueville sur le caractère abyssal de la revendication d'égalité, surtout, peut-on ajouter, dans un monde dépourvu de transcendance.

Les attaques contre le libéralisme constituent un retournement de la revendication de la liberté au XVIIIe siècle, qui a elle-même conduit l'humanité à se libérer des dieux. Le politique est investi d'une ferveur religieuse, avec les conséquences que l'on sait : les idées et les passions humaines trouvent dans le combat politique des forces qui n'avaient jamais été aussi puissantes depuis les guerres de religion. C'est ainsi que les passions et les idées finissent par l'emporter sur les acteurs. L'officier de l'Armée rouge a vu juste. Si ses propos nous paraissent étranges, c'est que nous avons oublié l'expérience des grandes guerres, que nous manquons d'imagination pour celles qui peuvent encore se profiler à l'horizon, et que, nos idées et nos passions ayant perdu en force, nous avons du mal à croire qu'elles puissent influencer le devenir du monde.

Les guerres pèsent sur les peuples longtemps après les traités de paix. Elles laissent à leur suite des perturbations psychiques connues depuis la guerre du Péloponnèse, car des failles apparaissent dans l'édifice à l'occasion de ces violentes éruptions, et des émotions primitives surgissent entre ces failles. Jung est un des meilleurs déchiffreurs de ce phénomène, mais on en trouve une autre expression dans un texte d'Isaac Bashevis Singer : « L'expérience juive lors de la Seconde Guerre mondiale ne fut pas une expérience historique. Nous avons été au contact de forces mythiques archaïques, quelque chose comme un subconscient obscur dont nous ne connaissions pas la signification, et nous ne la connaissons toujours pas à ce jour. »

Une fois que ceci se produit, il y a peu de moyens efficaces d'en prévenir la croissance la guerre une fois finie. La Grande Guerre a été suivie par la Seconde Guerre mondiale et celle-ci par les cauchemars d'annihilation de la guerre froide. Les forces de déshumanisation libérées dans les tranchées ont poursuivi leur cours. Dans la littérature, on trouve chez de nombreux auteurs – Robert Musil notamment – l'idée que la guerre dans sa monstrueuse ampleur faisait elle-même partie d'une évolution beaucoup plus large encore.

Bien avant les années 1930, on peut percevoir progressivement le processus à l'œuvre en Europe : une destruction systématique de toutes les valeurs de la civilisation occidentale, et notamment de l'activité rationnelle. Cela commence par la destruction des structures traditionnelles du langage voulue par le dadaïsme, et se termine (nous sommes encore dans ce mouvement) par une mise en question de la notion même de civilisation. Celle-ci est donc ébranlée avant la Première Guerre mondiale.

Freud fut un des premiers à comprendre que ses contemporains étaient de plus en plus nombreux à se poser la question de savoir si la civilisation méritait les sacrifices que l'on faisait pour elle.

Les nôtres semblent parfois réconciliés avec le triste constat que cette civilisation est en déclin et qu'elle n'existe peut-être même plus.

4

Le Roi Lear

« Qui est là à part ce temps abominable ? » : telle est une des premières questions posées dans *Lear*, une tragédie où Shakespeare fait une utilisation symbolique du temps familière aux lecteurs de *Hamlet*, de *Macbeth*, et surtout de *La Tempête*. L'orage qui « glace d'effroi même ceux qui errent d'habitude dans les ténèbres », est un miroir de l'esprit de Lear, du désordre du temps et de la colère du ciel. Les dérèglements de la nature se conjuguent avec celles des passions humaines.

Des présages sont perçus très tôt par Gloucester, l'ombre de Lear, qui paiera sa fidélité au roi d'un affreux supplice (ses yeux sont arrachés de leurs orbites), et dont le fils Edmond, une des incarnations du mal dans l'œuvre de Shakespeare, se comportera avec lui comme le font Goneril et Régane avec Lear. C'est Glouscester qui comprend que la rupture du lien entre les générations brise une des lois sacrées de la nature : « Ces récentes éclipses de la lune et du soleil ne présagent rien de bon. La science de la nature a beau les expliquer d'une façon ou d'une autre, la nature elle-même n'en est pas moins affligée. L'amour tiédit, les amitiés se disloquent, les frères se brouillent. Il y a des émeutes dans les villes, la discorde est dans le pays, la trahison au palais, et, entre le père et le fils, les liens naturels se rompent. » (On trouve aussi cette idée dans les *Métamorphoses* d'Ovide : la dureté du cœur n'est jamais plus hideuse que quand c'est celle d'un enfant à l'égard de ses parents.)

Le penchant de Lear pour l'apocalypse le porte à voir dans son destin l'image d'un immense chaos destructeur. Il est conscient du caractère cosmique de son histoire et cherche dans la nature une cause de la glace qui a saisi les cœurs de ses filles. Sa douleur – ou sa folie – ne lui permet de trouver d'explication que dans un tumulte céleste : « Que les dieux souverains, qui gardent cet affreux tumulte sur nos têtes, trouvent enfin leurs ennemis. »

Quand il s'adresse aux éléments, il exprime, comme dans les tragédies grecques, le désordre intolérable aux dieux introduit dans la nature par les crimes des enfants contre leurs parents : « Gronde, ventre du Ciel ! Crache ton feu ! Que tes pluies se débondent ! Ni vent, ni pluies, ni tonnerre, ni foudre, ne sont mes filles, que je sache. O éléments, je ne puis vous taxer d'ingratitude, ne vous ayant jamais donné de royaumes, jamais dit mes enfants... Vous ne me devez rien, pas la moindre allégeance. »

Dans la scène de la tempête, il y a un souvenir direct de la pièce anonyme qui a inspiré Shakespeare (*The True Chronicle of King Leir and his three daughters*, publiée en 1605), où l'on trouve une référence aux monstruosités de l'âge de fer, et à la condamnation des parents par les enfants. Il y a peut-être cependant aussi un souvenir d'Ovide dans *Les Héroïdes*, où le poète parle aux vents et aux eaux, moins cruels que le cœur de celle qu'il aime, et même le thème pascalien de l'homme fini perdu dans l'infini de la nature.

La pièce se passe donc presque entièrement sous l'orage. A la question de Kent : « Qui est là à part ce temps abominable ? »,

Gloucester répond : « Un dont l'esprit est comme cet orage, tout à fait sans repos. Il lutte avec les éléments et leur colère, il donne l'ordre aux vents de jeter d'un souffle la terre dans la mer ; ou de gonfler haut sur le continent les eaux révulsées pour que tout change, ou cesse. » Lear a été rendu fou par la cruauté de ses deux filles aînées, qu'il a préférées à la plus jeune lors du partage de son royaume. « Ne me fais pas devenir fou, je t'en supplie, ma fille », dit-il à Goneril, et c'est en vain qu'il supplie Régane de l'accueillir. Lorsque Kent reprend : « Il commence à perdre l'esprit », Gloucester confirme : « Qui pourrait l'en blâmer, ses filles veulent sa mort. »

La véritable tragédie de Lear cependant n'est pas la façon monstrueuse dont il est traité par Goneril et Régane, mais celle dont lui-même traite la seule fille qui l'aime sans rien demander en retour : Cordélia. Contre elle, il s'acharne sans raison, comme le père de Desdémone dans *Othello*. A l'origine de la tragédie, il y a l'étrange compétition ouverte par Lear au moment de son abdication, où il veut réserver la plus grande part du royaume à celle de ses filles qui l'aime le plus. C'est un caprice, non une idée royale : pour lui succéder, un roi recherchera plutôt, si l'ordre de succession n'est pas clair, le plus compétent des prétendants possibles. Lear organise sa succession comme un enfant : qui m'aime le plus ? Vieillard proche de la mort, il ne veut pas renoncer à l'amour, et demande même un amour absolu. En retour, il trouve la dissolution de son royaume, la haine de ceux qu'il a choisis, une blessure narcissique insupportable et la mort de sa fille chérie : aucun doute n'est laissé à la fin de la pièce sur la profondeur de son affection pour Cordélia à tel point que l'on peut même se demander si Lear, comme Gloucester – et Jacob dans la Bible –, n'a pas eu deux femmes, dont l'une seulement, la mère de la plus jeune de ses filles, était aimée.

Il semble d'abord seul responsable de ses malheurs. Dans la scène du partage, les plus ambitieux sont aussi les plus bavards et les plus prompts à comprendre l'étrange règle du jeu qu'a décidée le roi. Lear, malgré sa longue expérience de la royauté, n'a pas appris à distinguer les flatteurs des serviteurs et amis fidèles. Comme Pâris, qui doit lui aussi choisir entre trois femmes, il fait un choix désastreux, qui va semer la mort et la destruction.

(Dans un article éblouissant de 1913, *Le motif du choix des coffrets*, Freud fait lui-même ce parallèle.) Seule Cordélia, qui rachètera de sa mort toute la vilenie familiale à la fin de la pièce, ne répond pas à son défi, et elle en donne une explication en aparté : « Que dira Cordélia ? Qu'elle aime et qu'elle se taise. »

Son silence lui fait perdre sa part d'héritage et elle doit choisir l'exil en France, dont elle épouse le roi sans dot. « Va-t'en ! Fuis mes regards ! » hurle son père, qui la condamne sans écouter sa défense, présentée par Kent. Une colère sénile et obstinée l'aveugle. Possédé par un dérangement mental identifié dès l'Antiquité (la colère est une forme de folie chez Sénèque), il n'est accessible à aucun raisonnement. Les conséquences ne tardent pas : après la perte de sa fille vient le temps de la souffrance et du chaos. A l'ingratitude de Goneril et de Régane pour leur père répond celle de Lear pour sa fille. Le désordre cosmique est la conséquence de cette double faute. Cordélia a beau n'apparaître qu'au début et à la fin de la pièce, c'est elle la vraie victime de la tragédie : elle ne revient avec les Français pour sauver le royaume de son père que pour mourir pendue dans une prison sur les ordres d'Edmond.

Le cœur de Lear est si malade qu'il ne peut aimer celle qui l'aime et qu'il cherche l'affection de celles qui sont prêtes à le tuer. Kent, banni pour sa lucidité, le prévient au moment du partage du royaume : « Lear, apprends à mieux voir. » Mais Lear est aussi aveugle que Gloucester. Avec le retour de Cordélia, le roi reconnaît ses torts envers elle dans une scène bouleversante : « Oubliez et pardonnez-moi. » Mais il est trop tard, et il ne pourra pas lui survivre. A la fin de la pièce, il ne parle que d'elle et de sa mort, oubliant une nouvelle fois les affaires du royaume. Il est redevenu fou, après un bref intervalle de lucidité, d'une autre douleur cette fois, celle de la perte définitive de l'objet aimé. Et il meurt.

Lear est-il vraiment seul responsable de ses tourments ? Une lecture psychologique de la tragédie peut l'affirmer, car il est surtout victime de son égocentrisme et d'une passion bien connue de la vieillesse, l'entêtement dans l'erreur. En face de lui, Edmond, Goneril et Régane, qui forment un effroyable trio amoureux, représentent les ravages de la passion de la jeunesse. Edmond joue de façon si dangereuse avec la passion que lui portent Goneril et Règane, en leur faisant à toutes deux des serments d'amour, qu'il en fait de mortelles ennemies et qu'il sera lui-même victime de leur soif de vengeance. Tous trois meurent, victimes de leur perversité, les corps des deux sœurs sont portés sur la scène comme une preuve du « jugement du ciel ». Edmond ne s'est pas contenté de semer la haine dans le cœur des deux sœurs. Il a, véritable Caïn, condamné son frère Edgar à la misère, et encouragé les bourreaux de son père. C'est une incarnation de la puissance du mal, comme Iago, et Shakespeare n'aurait sans doute jamais accepté la psychologie comme seule explication de sa pièce : Lear est aussi une victime.

Le seul enfant qui reste en vie est Edgar, le fils légitime de Gloucester, qui tue Edmond en duel et sera appelé à jouer un rôle dans le royaume. Justice est finalement rendue avec le rétablissement de la paix, comme dans *Hamlet*, mais à un prix particulièrement élevé : la destruction de deux familles, un roi plus mythique que réel saisi par l'*atê* antique, qui déchaîne toutes les passions mauvaises de son entourage, et une victime aussi innocente que l'était Iphigénie avant le départ des navires grecs pour la guerre de Troie.

Une nouvelle de Platonov – *Le Retour* – présente une version aussi folle et tragique de l'amour que *Le Roi Lear,* sans s'engager toutefois dans la sphère métaphysique que Shakespeare ne quitte presque jamais à la fin de son œuvre. Il s'agit d'un père qui rentre de la guerre où il a passé de longues années. Quand il revient chez lui, il trouve ses enfants à la maison qui n'ont cessé de l'attendre, sont fous de bonheur et lui font fête. Mais la mère n'est pas là. Le prisonnier parvient à se convaincre qu'elle lui a été infidèle. Il reprend le chemin de la gare, suivi de ses enfants en pleurs qui lui jurent que leur mère travaillait pour subvenir à leurs besoins, et qu'elle a, elle aussi, passé toutes ces années à pleurer et à l'attendre.

Le train arrive en gare. Il monte, et les petits courent en pleurant après le train qui s'en va. Le soldat ne peut plus quitter sa prison intérieure. La loyauté, l'amour, la chaleur d'un foyer lui sont interdits après les violences de la guerre. Au retour impossible à la liberté et à la vie antérieure, il préfère le retour au malheur de la solitude et de l'enfermement. Un autre Russe, Fiodor Dostoïevski, écrivait que nous devions tous sortir de prison. Sinon, comme le montrent l'histoire de Lear et celle du soldat russe, on risque de condamner ses enfants et de se condamner soi-même.

Quel rapport avec Lear ? Celui-ci : il est plus facile pour le vieux roi de supporter la cruauté de ses deux aînées que d'accepter l'amour de Cordélia. Il veut des déclarations d'amour devant toute sa cour. Il est assez intelligent et sensible pour reconnaître la fausseté des serments de Goneril et de Régane. Il comprend le silence de Cordélia, mais il en a peur. L'amour paternel, il ne le connaîtra qu'en prison, alors qu'il est trop tard, ou avec sa fille morte dans les bras.

Freud, dans une interprétation audacieuse, qui montre à quel point il est lui aussi, comme Jung, familier des mythes, explique cette peur non comme une peur de l'amour, mais comme une peur de la mort. Il prétend que le mutisme de Cordélia est une image de la mort (« le mutisme est dans le rêve une représentation usuelle de la mort »), et que les trois sœurs représentent les Parques. A la fin de la pièce, Lear se réconcilie avec la mort et c'est en fait Cordélia, la déesse de la mort, qui le porte dans ses bras : « C'est en vain que le vieil homme cherche à ressaisir l'amour de la femme, tel qu'il l'a reçu d'abord de la mère ; c'est seulement la troisième des femmes du destin, la silencieuse déesse de la mort, qui le prendra dans ses bras. »

5

Ondes et Particules

Dans le troisième volume du *Capital*, Marx constate que « toute la science serait superflue si l'apparence et l'essence des choses coïncidaient directement ». La science contemporaine, et notamment la physique, a poussé très loin ce jugement de bon sens, en cherchant à tout mathématiser. Ce que l'histoire retiendra de la science du XXe siècle, c'est la relativité restreinte et générale, la mécanique quantique et la théorie du chaos : la relativité a éliminé l'idée newtonienne d'un espace et d'un temps absolus, la mécanique quantique a bouleversé la conception de la causalité, et le chaos élimine la conviction d'une prédictabilité déterministe chère à Laplace. Bref, on ne s'y retrouve plus.

Avec la relativité générale qui interprète la

155

gravitation non plus comme une force, ce que l'on faisait depuis Newton, mais comme une manifestation de la courbure de l'espace, ou – ce qui est la même chose – de l'espace-temps, notre conception de l'univers a été transformée. Cette courbure, induite par la distribution de matière et d'énergie, n'a d'ailleurs rien à voir avec la notion intuitive de « bord », car l'univers n'a pas de bord. Et pourtant, il est en expansion et il est fini. C'est incompréhensible mais c'est ainsi.

La révolution intervenue avec la mécanique quantique est expliquée de la façon suivante par Werner Heisenberg dans son ouvrage sur *La Nature dans la Physique Contemporaine* : « Les lois naturelles que dans la théorie des quanta nous formulons mathématiquement ne concernent plus les particules élémentaires, mais la connaissance que nous en avons. » Le comportement de la matière à une très petite échelle diffère de tout ce dont on a l'expérience. On doit renoncer à prédire avec précision ce qui se produit dans une situation donnée. On ne peut prédire que la probabilité d'un événement, car il est impossible de connaître simultanément la vitesse et la position d'un électron. C'est le principe d'incertitude d'Heisenberg.

Quant au chaos, la théorie qui lui est consacrée n'est apparue que cinquante ans plus tard, mais dès que les scientifiques ont regardé du côté irrégulier de la nature (désordres de l'atmosphère, turbulences de la mer, ou oscillations du cœur), le désordre semblait présent partout, comme le patient du docteur Knock s'imaginant atteint de toutes les maladies. Dans la science comme dans la vie, une chaîne d'événements peut connaître un point de rupture qui peut donner un caractère dramatique à des changements jusque-là mineurs.

Personne ne comprend plus la physique contemporaine. Richard Feynman, dont il a déjà été question dans l'Intermède, l'un des plus importants théoriciens de la mécanique quantique, prix Nobel de physique en 1965, suggère de ne pas même y songer : « Si vous admettez simplement que la nature peut se conduire ainsi, vous trouverez qu'elle est une chose merveilleuse. Mais ne vous demandez pas : "comment peut-il en être ainsi ?", parce que vous vous engagerez dans une allée sombre dont personne n'est jamais revenu. » Feynman, qui n'était pas un homme de culture littéraire, ne se doutait pas que ces propos étaient proches d'un vers de Dante dans *Le Purgatoire* : « Enfants d'Eve, contentez-vous de c'est ainsi », un thème repris dans *Le Paradis* : « La vérité que vous cherchez à découvrir est si profonde dans l'abîme de la loi éternelle, qu'elle est inaccessible aux créatures. Va dire au monde des mortels quand tu y retourneras ce que je t'ai dit, pour qu'aucun homme n'ait la prétention d'essayer d'atteindre un but aussi élevé que celui-là. »

Tout ce que l'on sait est une sorte d'approximation, et l'on assiste avec chaque nouvelle découverte scientifique à une expansion des frontières de l'ignorance, parce que l'on ne connaît pas toutes les lois de la nature et qu'on ne les connaîtra probablement jamais. Ce qui est appris doit être régulièrement corrigé, des changements profonds de nos idées sont requis à chaque nouvelle étape de l'histoire de la physique, avec le sentiment qu'il reste toujours « une part de mystère ».

Alan Turing, un mathématicien qui a joué un rôle historique remarquable en déchiffrant les codes allemands pendant la Seconde Guerre mondiale, compare pour cette raison la physique à la cryptographie : « Il y a une parenté remarquable entre les problèmes que rencontre le physicien et ceux du cryptographe. Le système qui a permis le chiffrage du message correspond aux lois de l'univers, les messages interceptés à la connaissance disponible et les clefs nécessaires au déchiffrement d'un message à d'importantes constantes. La correspondance est très grande, sauf que le sujet de la cryptographie peut être traité avec des machines adaptées, mais que les choses sont beaucoup plus compliquées pour la physique. »

Peu de vérités établies dans l'expérience quotidienne résistent à la physique : l'irréversibilité du temps, c'est-à-dire le fait que l'on ne peut remonter le temps dans le monde des phénomènes (si l'on a la mauvaise idée de laisser tomber une tasse par terre, où elle se casse, on peut attendre longtemps qu'elle se recompose dans la main). La science ne partage pas ce principe. Dans notre expérience, il est possible – ce n'est que trop connu – d'affecter le futur par nos actes, mais non le passé. Pour les lois de la nature, cette distinction passé-futur n'a pas de sens. La loi de la gravitation est réversible dans le temps, tout comme la loi de l'électricité et celle du magnétisme. Et il en va de même pour les lois de l'interaction nucléaire. (Si l'on ne devait conserver qu'une phrase pour les générations futures, celle qui contiendrait le plus d'informations est l'hypothèse atomique, qui veut que tous les corps soient composés d'atomes en mouvement perpétuel qui s'attirent et se repoussent.)

L'exemple le plus célèbre d'une vérité scientifique choquante pour la raison est celui de la lumière. Feynman la présente ainsi :

« Les explications semblent souvent de plus en plus déraisonnables et de plus en plus éloignées de l'intuition. La lumière par exemple. Au premier abord, la lumière semblait se conduire comme un flux de particules. Puis il est devenu clair que la lumière se comportait comme des ondes. Ensuite, au XXe siècle, il a semblé à nouveau que la lumière se comportait comme des particules (photons). Mais de nouvelles recherches ont montré qu'elles se comportent comme des ondes. La confusion a grandi : ondes ou particules, particules ou ondes ? Tout indique que les deux sont vrais. »

Parmi les contradicteurs de Heisenberg se trouvait un certain Erwin Schrödinger, qui est devenu célèbre par l'invention d'un... chat.

Ce félidé à la fois mort et vivant mériterait sa place dans *Alice au pays des merveilles*, s'il n'avait pris corps, si l'on peut dire, car il s'agit d'un chat mental, plus de trente ans après la publication du livre de Lewis Carroll.

Il a été inventé en 1935 par Erwin Schrödinger pour illustrer un des paradoxes de la mécanique quantique. L'expérience est la suivante : après l'avoir attrapé, on place un chat dans une boîte avec un flacon d'acide prussique, une très faible quantité de matière radioactive, un compteur Geiger et un marteau. Si un seul atome de cette substance se désintègre pendant l'expérience, le compteur détecte une particule alpha, un mécanisme déclenche le marteau qui brise le flacon et tue le chat. Les chances que ceci se produise sont de 50 %. L'observateur ne peut savoir si l'atome s'est désintégré, le marteau mis en action, le flacon brisé et le chat tué.

Le sort du chat dépend, avant l'ouverture de la boîte, de la fonction ondulatoire de la particule, qui est elle-même dans une superposition d'états. Selon les lois quantiques, le chat (lui-même dans une superposition d'états) est à la fois mort et vivant. Après avoir ouvert la boîte, et seulement alors, on sait de quoi il retourne : c'est l'indétermination quantique, le paradoxe de l'observateur selon lequel il n'y a pas de résultat sans mesure. Les conséquences sur la notion de réalité sont, comme le lecteur l'a aisément compris, abyssales.

Le but de Schrödinger était de montrer que des atomes pouvaient être à la fois en deux (ou plus) états quantiques mais non des objets composés d'un très grand nombre d'atomes comme, par exemple, un chat. Heisenberg, qui avait ses raisons de ne pas aimer cette bête, disait volontiers qu'il n'avait jamais rencontré ce chat. Or, en juillet 2000, Jonathan Friedman et son équipe ont démontré à New York un état macroscopique du chat de Schrödinger, un épisode sur lequel il est utile de se renseigner. Après tout, ce qui est valable pour une superposition d'états de type chat l'est probablement pour l'homme.

L'interconnexion des hiérarchies qui forment le monde est décrite par Dick Feynman sur un mode presque médiéval : « Quand nous parlons du monde, nous parlons de différentes hiérarchies. A une extrémité, nous avons les lois fondamentales de la physique. A un autre niveau, nous avons les propriétés des substances, puis les ondes, les tempêtes (une masse gigantesque de phénomènes), les étoiles (une accumulation de choses), puis l'influx nerveux, les raisins, l'homme, le mal, la beauté, l'espoir, Dieu. Un monde extraordinaire de hiérarchies interconnectées. »

Et pourtant, nous sommes bien loin du Moyen Age, car le non-respect du principe de non-contradiction est une des énigmes de la science contemporaine. Il n'y a pas de position absolument déterminée dans le monde, ce qui ruine un des principaux fondements de la science, l'idée de causalité. Michael Frayn dans sa pièce de théâtre *Copenhague* met ce dialogue dans la bouche de Heisenberg et de Bohr :

Heisenberg : *Maintenant Bohr est un électron. Il erre quelque part dans l'obscurité de la ville, personne ne sait exactement où. Il est ici, il est là, il est partout et nulle part… Et moi, je suis un photon. Un quantum de lumière. Je suis envoyé dans l'obscurité pour trouver Bohr. Et je réussis, car j'arrive à me cogner à lui… Mais que se passe-t-il ? Regardez… Il a été déflecté ! Il ne fait plus exactement ce qu'il faisait quand je lui suis rentré dedans !*

Bohr : *Vous aussi avez été déflecté... pour comprendre comment les gens vous voient, il faut vous traiter non seulement comme une particule mais comme une onde... Il n'y a pas d'univers objectif précisément déterminé... l'univers n'est qu'une série d'approximations, qui sont déterminées par notre relation avec lui, et la compréhension que nous en avons dans l'esprit humain.*

En 1920, Walter Benjamin a établi une relation entre la nouvelle physique de l'indétermination, qui commençait à prendre forme, et le caractère fantomatique de l'existence urbaine moderne décrite par Kafka : « Tout éveillés, nous marchons dans un rêve », et : « En nous continuent de vivre les recoins obscurs, les passages mystérieux, les fenêtres aveugles, les cours sales, les tavernes bruyantes et les restaurants bien clos. Nous allons par les larges rues des quartiers neufs. Mais nos pas et nos regards sont hésitants. Au-dedans de nous-mêmes, nous tremblons encore comme dans les vieilles ruelles de la misère. Notre cœur n'est pas encore au fait de ces travaux d'assainissement. La vieille ville juive insalubre que nous portons en nous est beaucoup plus réelle que la ville nouvelle et hygiénique qui nous entoure. »

L'adéquation de la physique quantique au monde moderne et aux sentiments contradictoires que ce monde éveille dans la psyché humaine est aussi présente dans un dialogue imaginaire de Michael Frayn entre Heisenberg et Bohr, après l'expérience de la bombe atomique :

Bohr : *Vous raisonnez avec une si extraordinaire délicatesse et précision dans le petit monde de l'atome. Mais il se trouve maintenant que tout dépend de ces objets vraiment beaucoup plus volumineux sur nos épaules. Et ce qui se passe là est...*

Heisenberg : *Elseneur.*
Bohr : *Oui, Elseneur.*
Heisenberg : *Je suis votre ennemi ; je suis aussi votre ami... Je suis une particule, je suis aussi une onde.*

Épilogue

Au terme de ces variations, on peut se demander si, comme le prétend Samuel Johnson, « de toutes les incertitudes de notre présente condition, l'une des plus épouvantables et des plus angoissantes est que nous ne sommes jamais assurés de la permanence de notre raison ». Chacun peut dresser sa liste d'épouvantes et d'angoisses, mais l'existence d'une folie constitutive de la raison raisonneuse, dont la paranoïa est une forme clinique classique, ou les monstres engendrés par l'arrogance de la raison, et non par son seul sommeil, ne peuvent pas être mis en doute.

Les dangers que présente l'irrationnel (superstition, passion, violence aveugle) sont bien connus et l'intérêt de les combattre n'est pas contesté, même si la tentation de définir le terme en fonction d'intérêts plus idéologiques que proprement rationnels est trop répandue. Le propos de cet ouvrage est cependant de souligner d'autres aspects, volontiers négligés, de l'irrationnel : sa capacité à élever et à étendre l'esprit, en repoussant les frontières du monde psychique, et en acceptant, soit de façon provisoire, dans l'attente d'une explication, soit de façon plus définitive, ce qui échappe à la raison.

Dans le premier cas, nous sommes dans l'univers des philosophes du XVIIIe siècle, et nul ne saurait prétendre, deux siècles plus tard, que les Lumières ne peuvent encore gagner – voire bien souvent ne *doivent regagner* – du terrain. Pour s'en convaincre, il suffit d'ouvrir l'*Encyclopédie*, d'y redécouvrir l'immense désir de savoir qu'elle recèle, ou de se remémorer la lutte de Montesquieu contre les préjugés dans *De L'Esprit des Lois*. Dans le second, nous retrouvons l'univers des grands mythes (tout particulièrement les mythes de l'origine), et celui des grandes religions, où les dieux, à qui tout est possible, ne respectent pas le principe de non-contradiction cher à la raison : l'Esprit souffle où il veut.

Même dans le domaine scientifique, aucune grande œuvre ne peut faire l'économie de l'intuition et de l'imagination. Si la science contemporaine a mis en lumière des aspects énigmatiques de la matière, dans l'infiniment petit et en astrophysique, ou des fonctionnements surprenants du cerveau et de la pensée, c'est en reconnaissant l'existence de phénomènes dont il n'était pas toujours possible de rendre compte. Et, comme le dit Richard Feynman en parlant de la physique, plutôt que de s'engager dans la voie sans issue du pourquoi, il est préférable de s'émerveiller de la beauté de la nature qui obéit à des lois d'une élégance sans pareille.

Quant aux limites de la vie intellectuelle et psychique, elles s'étendent « vers le haut » et « vers le bas » beaucoup plus loin que nous ne le pensons. L'être humain est plus pervers (on le croit sans peine) et meilleur (ceci en surprendra plus d'un) que ce que nous croyons en connaître. C'est une des convictions de Sophocle : « Nombreuses sont les choses merveilleuses et effrayantes. Aucune qui soit plus merveilleuse et effrayante que l'homme. » Il n'est pas nécessaire d'être un grand auteur tragique pour partager ce jugement ; il suffit de prendre le temps de se retirer en soi-même en suivant le conseil de Socrate et de Pascal.

On y trouve rapidement toutes sortes de bizarreries : des méfaits imaginaires qui existent avec une puissance égale à ceux qui ont été commis ; des émotions inexplicables (l'homme en pleurs devant la plaque commémorative de la grande peste à Londres dont parle Freud) ; des images fantastiques qui surgissent de l'inconnu (*Le Livre Rouge* de Jung) ; enfin des transformations singulières, comme celle dont parle Coleridge dans ses *Carnets* : « Il contempla son âme à travers un télescope et découvrit que ce qui semblait n'être qu'irrégularités étaient de magnifiques constellations. Et il ajouta à la conscience des mondes cachés dans d'autres mondes. »

Les deux versants de la psyché ont besoin l'un de l'autre pour fonctionner de façon harmonieuse. Privée de l'irrationnel, la raison est menacée de sécheresse et d'appauvrissement. Elle est aussi coupée de pans entiers de la connaissance. Inversement, l'irrationnel court le risque de sombrer dans la déraison et la violence si le souci des Lumières disparaît. Quand l'équilibre est rompu, de grands désordres peuvent en résulter.

Le mythe a longtemps nourri la pensée littéraire, mais aussi la pensée philosophique.

Les raisonnements des dialogues platoniciens font avec lui bon ménage. En témoigne par exemple le *Phédon,* qui, décrivant le grand voyage après la mort, évoque les quatre fleuves coulant dans l'au-delà et le tri des âmes qu'ils opèrent selon la gravité des fautes commises. Socrate ne croit pas à cette histoire fantastique où l'on trouve le Tartare, vers lequel les eaux descendent, l'Océan, l'Achéron, le Cocyte et – le fleuve le plus difficile à mémoriser comme le plus dangereux pour ceux qui s'y trouvent jetés – le Pyriphlégéthon. Il voit pourtant dans cette géographie souterraine et pour tout dire largement infernale un guide utile pour les trois messages du *Phédon* : l'univers est plus complexe et plus vaste qu'on ne le croit ; l'âme est immortelle ; elle connaît dans l'au-delà un sort mérité ici-bas.

Le rétrécissement de la conscience à la seule activité rationnelle, loin d'être une simple perte, peut être aussi l'occasion de dangereux refoulements. En essayant de tout rationaliser, on oublie que l'esprit est influencé par ce qu'il ne peut saisir rationnellement : l'irrationnel trouve alors des issues dans la maladie, la violence, la guerre ou la destruction. Au début du siècle dernier, après la défaite russe face au

Japon, Andreï Biély illustre de façon saisissante la rencontre des émotions privées et des catastrophes historiques : « Les angoisses de l'âme et la tristesse des individus ont fusionné avec le deuil national pour produire une horreur écarlate singulière. » L'année 1905 commence et, avec elle, le siècle des guerres et des révolutions.

Un siècle plus tard, la maîtrise de la violence est un défi plus redoutable encore, avec la dissémination de moyens de destruction dont nos ancêtres n'avaient aucune idée. Cette maîtrise a toujours été un des objectifs majeurs de la civilisation. C'est à elle que l'on doit l'éducation, l'instauration de la justice (pour mettre fin aux vengeances privées), et c'est encore elle qui fixe des limites à ce qui est autorisé en cas de conflit. Quand la violence suit une courbe ascendante, comme il semble que ce soit à nouveau le cas, une dangereuse régression est à l'œuvre. La seule dénonciation de ce phénomène ne pourra vraisemblablement pas davantage venir à bout des forces puissantes qui ont été déchaînées que Lear ne pouvait arrêter la tempête.

La rapidité des changements qui se produisent dans le monde a donné à l'expression

« surprises stratégiques » une vogue excessive dans les écrits sur les relations internationales. Un des messages cachés de cette expression est que l'on ne comprend plus ce qui se passe dans notre environnement ni ce qui se trame en nous. Faute de cette double compréhension nécessaire à l'action historique, nous sommes portés par les événements plutôt que nous ne les orientons. Or, si la thèse principale de *L'Ensauvagement* est juste, l'histoire dont nous sommes les héritiers est d'une telle férocité que l'inconscient attend probablement des représailles, ce qu'il ne manque jamais de finir par trouver.

Le thème de la repentance, dont le monde occidental fait un usage abusif, mais que le monde oriental – notamment chinois – ignore de façon systématique, peut être traité pour cette raison comme un inquiétant symptôme. La collision de la culpabilité occidentale et de la volonté de puissance chinoise pourrait finir par se produire.

Si le risque est réel, cet ouvrage aura peut-être contribué à attirer l'attention sur deux phénomènes qui méritent réflexion. D'un côté, la menace de châtiment, qui est pour la conscience une invitation à la prudence, peut devenir pour l'inconscient une dangereuse incitation au besoin de punition. Et de l'autre, l'*ubris*, l'incapacité de se fixer des limites, l'appel à la transgression, demeure la principale menace pour la paix : parmi les excentricités de la vie intérieure, il faut compter avec l'appel du gouffre d'Achab.

TABLE

Ce volume a été composé
par IGS-CP à L'Isle-d'Espagnac (Charente)

Achevé d'imprimé en août 2010
Dépôt légal : septembre 2010
N° d'édition : 16307
Imprimé en France

www.ingramcontent.com/pod-product-compliance
Lightning Source LLC
LaVergne TN
LVHW051229060726